Mit Leichtigkeit zum Ziel

Mutig dem eigenen Weg folgen

Ulrike Bergmann

C.H.BECK

So nutzen Sie dieses Buch

Die folgenden Elemente erleichtern Ihnen die Orientierung im Buch:

Beispiele und Aufgaben

Beispiele und längere Zitate aus dem beruflichen Alltag veranschaulichen das Gesagte. Aufgaben und Übungen unterstützen Sie darin, die Inhalte auf Ihre persönliche Situation zu übertragen und Erkenntnisse zu gewinnen.

! Die Merkkästen enthalten Empfehlungen und hilfreiche Tipps.

Die nächsten Schritte

Am Ende jedes Kapitels finden Sie eine Empfehlung, wie Sie die Inhalte umsetzen und welche Schritte Sie als Nächstes unternehmen können.

Inhalt

Einführung

Stellen Sie sich vor, Sie könnten alles auf der Welt haben, tun oder sein. Wüssten Sie, was das wäre? Oder überfordert Sie diese Vorstellung? Und würden Sie das, was Sie sich wünschen, auch annehmen?

Stellen Sie sich weiterhin vor, Sie bekämen eine Vorgehensweise an die Hand, mit der Sie alle Ihre Wünsche leicht umsetzen könnten. Eine Methode, die einfach wäre, weil sie zu Ihrem individuellen Tempo und Ihrer persönlichen Art passt – und die Ihnen zeigt, wie Sie mit Leichtigkeit ans Ziel kommen.

Wie fühlt sich das an? Was löst diese Vorstellung in Ihnen aus? Sind Sie bereit, dafür ein paar Dinge aufzugeben?

Mag sein, dass es Ihnen jetzt so geht wie einer meiner Workshopteilnehmerinnen. Als ich mit ihr über das Thema dieses Buches sprach – wie man mit Leichtigkeit ans Ziel gelangt –, war ihre erste Reaktion darauf Empörung. Sie habe diese ganzen Versprechungen satt, mit denen nur Bücher verkauft und Konzepte vermittelt würden. Damit würde den Menschen etwas vorgegaukelt, das einfach nicht möglich sei.

Warum erzähle ich Ihnen das? Weil ich weiß, dass es möglich ist, Ziele leicht zu verwirklichen und die Ergebnisse zu erzielen, die man sich wünscht. Auch die erwähnte Teilnehmerin hat inzwischen ihre Meinung dazu geändert.

Leichtigkeit ist ein innerer Zustand

Leichtigkeit ist nicht käuflich. Sie finden sie in keinem Laden oder Onlineshop. Auch nicht, indem Sie dieses Buch lesen. Leichtigkeit entsteht, wenn Sie an Ihrer Einstellung und Haltung etwas ändern und damit andere Ergebnisse ermöglichen – einen anderen inneren Zustand schaffen, aus dem heraus Sie Ihren Alltag gestalten.

! Leichtigkeit ist eine Wahl – und fordert von Ihnen eine Entscheidung. Sie entsteht, wenn Sie wahrnehmen, was gerade passiert, und darauf achten, was Sie denken und wie Sie handeln.

Und noch etwas ist wichtig: *Leichtigkeit bedeutet für jeden Menschen etwas anderes.*

Eine Grundfrage zieht sich durch dieses Buch, die Sie sich beim Lesen immer wieder stellen dürfen: *Darf es für mich leicht sein?* An Ihren Antworten merken Sie, wo Sie an Überzeugungen festhalten, mit denen Sie von klein auf gefüttert wurden. Für die meisten von uns sind sie so sehr zur Selbstverständlichkeit geworden, dass wir sie nicht mehr hinterfragen. Solche Überzeugungen, die eine Überprüfung lohnen, zeigen sich in Sätzen wie diesen:

- Nur was man sich hart erarbeitet hat, hat einen Wert.
- Im Leben wird einem nichts geschenkt.
- Du machst es dir (aber/mal wieder) leicht!

Sie erkennen Ihre Grundmuster, wenn Sie aktiv mit den Übungen in diesem Buch arbeiten und dabei auch auf Ihre

Gedanken achten – hier vor allem auf die Punkte, bei denen Sie ärgerlich, abwehrend oder zweifelnd reagieren. Diese Reaktionen geben Ihnen Anhaltspunkte, wo Sie ansetzen können, wenn Sie mehr Leichtigkeit erleben wollen – sei es in Sachen Ziele, dem Thema dieses Buches, oder in anderen Bereichen.

Von der Schwere in die Leichtigkeit

Es sind weniger die Ziele selbst, die es uns schwer machen, als vielmehr das, was wir über Ziele gelernt haben – nicht nur durch unsere Erziehung, sondern vor allem durch die kulturellen Prägungen, mit denen wir aufgewachsen sind. Diese sind in anderen Kulturen unbekannt, wie ich Ihnen gleich zeigen werde.

Ziele erfordern Entscheidungen

Wenn wir etwas Neues haben oder erreichen wollen, müssen wir dafür Platz schaffen und uns entscheiden, was wir loslassen. Im deutschen Sprachraum sprechen wir davon, dass wir Entscheidungen treffen oder fällen. Welche Bilder tauchen bei Ihnen auf, wenn Sie dies lesen?

Eine *Entscheidung treffen* bedeutet, „ins Schwarze zu treffen". So als wäre vor uns eine Zielscheibe: in der Mitte ein schwarzer Kreis, um den herum sich weitere farbige Kreise befinden. Wenn Sie die Mitte verfehlen, ist dies ein Fehlschuss – oder übertragen auf Ziele: eine Fehlentscheidung! Daneben! Ungenügend!

Noch interessanter wird es, wenn Sie eine *Entscheidung fällen*. Welches Bild taucht hierzu bei Ihnen auf?

In meinen Vorträgen sind dies die beiden häufigsten:

- *Baum fällen*. Einmal gefällt, ist der Baum dem Tod geweiht. Sie können nicht sagen: Bitte entschuldige, das war ein Fehler! Es ist aus und vorbei. Selbst wenn Sie die beiden getrennten Teile wieder aufeinanderstellen, wächst der Baum nicht mehr zusammen.
- *Kopf ab mit der Guillotine*. Das Ergebnis ist etwas drastischer, denn hier geht es nicht um einen Baum, zu dem viele Menschen einen geringen emotionalen Zugang haben, sondern um einen menschlichen Körperteil. Das Ergebnis ist in beiden Fällen das gleiche: Es lässt sich nicht mehr ändern.

Kein Wunder, dass sich viele Menschen davor scheuen, sich für ein Ziel zu entscheiden oder sich auf etwas festzulegen. Ziele haben bei uns ein Gewicht, als wären sie in Stein gemeißelt. Wir werden daran gemessen – oder messen uns selbst daran –, dass wir das Ziel punktgenau erreichen.

Doch Ziele sind lebendig und können sich schon nach kurzer Zeit wandeln, wenn wir uns auf den Weg machen, Erfahrungen sammeln und neue Erkenntnisse gewinnen. Doch was in Stein gemeißelt ist, lässt sich nur schwer verändern. Es bleiben in jedem Fall Spuren zurück, die für alle erkennbar sind.

Betrachten Sie einmal Ihre Assoziationen zu Zielen:

- Was verbinden Sie mit Zielen?
- Fällt es Ihnen leicht, sich auf etwas festzulegen, oder tun Sie sich schwer damit?

Viele Menschen denken, dass sie, wenn sie sich nicht festlegen, auch nichts verkehrt machen. Doch damit vergeben sie die Chance, ihr Leben nach ihren eigenen Vorstellungen zu gestalten. Doch am Ende zählt nur, ob *Sie* zufrieden sind. Niemand anderes kann Ihr Leben für Sie leben. Nur Sie selbst sind dafür verantwortlich, dass Sie eines Tages – und vor allem im Alter – zufrieden sind mit dem, was Sie erreicht, erlebt und gestaltet haben.

Andere Sprachen, leichtere Wege

Hier hilft ein Blick in andere Sprachräume und Kulturen. Im Englischen werden Entscheidungen gemacht *(to make a decision)*. Das hat etwas mit Handwerk zu tun und der Fähigkeit, etwas selbst zu gestalten. Genauso habe ich es auch während meiner längeren Aufenthalte in den USA und in Kanada erlebt: Das Bewusstsein, die Dinge selbst in der Hand zu haben, ist in beiden Ländern sehr viel ausgeprägter als bei uns.

Noch eindrücklicher finde ich den romanischen Sprachbereich. Nehmen wir das Französische als Beispiel: *prendre une décision* – eine Entscheidung nehmen. Bei mir taucht hier das Bild eines großen Bottichs auf, in dem die unterschiedlichsten Möglichkeiten enthalten sind. Daraus nehme ich die Variante, die mir am besten gefällt. Ich betrachte sie von allen Seiten, probiere sie aus wie ein Paar Schuhe und entscheide mich schließlich, ob ich mich damit wohlfühle, sie mir passt und ich damit gehen möchte.

Falls nicht, lege ich sie zurück – und nehme eine andere Variante. Ah, welche Erleichterung! So ist das Leben. Es bietet viele Möglichkeiten, und nur wenn Sie einige davon ausprobieren, wissen Sie, welche wirklich zu Ihnen passen. Sie können auswählen und sich bewusst dafür entscheiden.

Aufgabe: Den Bottich füllen

Stellen Sie sich vor, Sie hätten einen Zauberstab, der Ihnen alles gibt, was Sie haben, tun oder sein wollen. Nutzen Sie ihn für den Bereich, in dem Sie sich derzeit am stärksten nach einer Veränderung sehnen. Füllen Sie Ihren Wünschebottich mit allem, was Sie sich dazu vorstellen können. Seien Sie mutig und lassen Sie Ihrer Fantasie freien Lauf. Machen Sie ein Spiel daraus, möglichst viele Wünsche zu finden.

Auf diese Weise erleben Sie eine Fülle, die geradezu verschwenderisch ist. Wenn es Ihnen schwerfällt, sich darauf einzulassen, schreiben Sie sich bitte alle Gedanken auf, die damit einhergehen. Beides – die Fülle wie die Einschränkungen – brauchen wir an anderen Stellen wieder.

Wählen Sie den Weg des geringsten Widerstands!

Was wäre, wenn es nicht den einen einzigen oder richtigen Weg gäbe, sondern unzählig viele, die zum Ziel führen? So wie es Wanderwege gibt, Nebenstraßen, Hauptstraßen und Autobahnen, auf denen Sie zu Ihrem Ziel gelangen können – je nach Wunsch und Zeitrahmen? Darunter sind auch solche, die weniger anstrengend sind, weil sie zu Ihnen, Ihrer Persönlichkeit und Ihren Bedürfnissen passen.

Für dieses leichtere Vorgehen habe ich ein Bild gewählt: den Fluss, der sich auf dem Weg des geringsten Widerstands durch die Landschaft schlängelt. Hindernisse umfließt er sanft oder nimmt kleinere Brocken auch mal eine Weile mit, bis er sie wieder loslässt.

Vielleicht kommen Ihnen Situationen in den Sinn, in denen Sie einen Satz hörten, der selten als Kompliment gemeint war: *Du machst es dir einfach und wählst wieder mal den Weg des geringsten Widerstands.* Darin schwingt der Vorwurf mit, dass wir es uns zu leicht machen, Auseinandersetzungen scheuen und Konflikte vermeiden. Es ist an der Zeit, diese Verknüpfung loszulassen und sich ernsthaft damit zu befassen, was wirklich in diesem Bild steckt.

Für Ziele ist der Weg des geringsten Widerstands die beste Vorgehensweise, um leicht zu Ergebnissen zu gelangen. Nehmen Sie sich das Wasser zum Vorbild. Es fließt dahin und sucht sich seinen Weg dort, wo es leicht geht. Hindernisse werden umflossen, auch wenn dies einen Richtungswechsel bedeutet. Was im Laufe der Zeit daraus entstehen kann, sehen wir an Naturwundern wie den Niagarafällen oder dem Grand Canyon.

Der Weg des geringsten Widerstands ist zwar leicht, jedoch nicht immer einfach. Auch hier müssen Sie etwas dafür tun – allerdings in anderer Geschwindigkeit. Mal geht es langsam und plätschernd voran; dann ändert sich das Tempo wieder und Sie fließen frei und zügig Ihrem Ziel entgegen. Manchmal ist ein Umweg erforderlich, weil Hindernisse das Weiterkommen erschweren. Doch wie heißt es so schön: *Umwege erhöhen die Ortskenntnis.* Auf diese Weise entdecken Sie immer besser, wie es für Sie leicht geht. Sie erkennen, wo Mut erforderlich ist, um Neuland zu betreten, und wie Sie Ihre Reise lustvoll gestalten.

Vorbereitung für die gemeinsame Reise

Haben Sie Lust bekommen, mit auf die Reise zu gehen? Hier sind die wichtigsten Hilfsmittel für Ihren Weg: für Ihre Aufzeichnungen und Ideensammlungen ein schönes Schreibheft oder ein Ordner, den Sie gerne zur Hand nehmen, ein kleines Notizheft oder ein Block für spontane Einfälle, wenn Sie unterwegs sind, bunte Filzstifte oder ein spezieller Füller, mit dem Sie gerne schreiben.

Vorlagen für einzelne Aufgaben und zusätzliches Material zum Download finden Sie auf der Webseite zum Buch unter www.mutmacherprinzip.de.

Wählen Sie doch, was Sie wollen!

Was empfinden Sie, wenn Sie diese Überschrift lesen? Ist es Vorfreude oder erleben Sie ein Gefühl der Verunsicherung? Vielleicht auch eine Mischung aus beidem.

Veränderungen als Ausgangspunkt

Meist ist der Ausgangspunkt für Ziele der Wunsch, etwas zu verändern und das Leben anders zu gestalten. Daher starten wir mit einer Bestandsaufnahme Ihrer aktuellen Situation und der Ausrichtung darauf, was Sie erreichen wollen. Beides gehört zusammen: wo Sie derzeit stehen *und* wo Sie hinwollen. Erst aus dieser Kombination entsteht die Motivation, sich in Bewegung zu setzen und konkrete Schritte zu gehen.

Aufgabe: Den Ausgangspunkt erkennen

Beginnen Sie damit, sich bewusst zu machen, wo Sie sich befinden. Von dort aus lassen sich Richtung, Route und Ziel leichter bestimmen.

- *Wie zufrieden bin ich in den wichtigsten Bereichen meines Lebens (Tätigkeit, Beziehungen, Finanzen, Gesundheit)? Nutzen Sie eine Skala von 0 (überhaupt nicht) bis 10 (alles bestens) für jeden Bereich.*
- *In welchen Bereichen ist meine Unzufriedenheit am größten? Was stört mich konkret? Listen Sie alle Punkte auf, die anders sind, als Sie es sich wünschen.*
- *Was hat höchste Priorität? Was möchte ich als Erstes verändern? Bringen Sie alle Punkte nach dem Grad der Wichtigkeit in eine Reihenfolge.*

- *Notieren Sie sich zu jedem Punkt Ideen und Wünsche, die Sie dazu bereits haben.*

Sammeln Sie Ihre Antworten in Ihrem Schreibbuch. Notieren Sie in den nächsten Wochen weitere Ideen oder Dinge, die Sie in irgendeiner Weise ansprechen. Blättern Sie immer wieder darin und lassen Sie sich davon anregen.

Eigene oder fremde Ziele?

Ziele sollten in uns so viel Begeisterung entfalten, dass sie unsere Handlungen immer wieder befeuern. Kraftvolle Ziele passen zu unseren Lebensumständen und sind im Einklang mit dem, was uns wichtig ist: im Leben, im Beruf und in den Beziehungen zu anderen Menschen. Dann spornen sie an und tragen uns auch, wenn Hindernisse oder Herausforderungen auftauchen, weil wir bereit sind, dranzubleiben und vorübergehend auch Unbequemlichkeiten in Kauf zu nehmen.

Dennoch erkennen viele Menschen ihre eigenen Ziele zunächst nicht und übernehmen unbewusst fremde Ziele. Sie verfolgen die Träume anderer (Eltern, Vorgesetzte, Kollegen, Gesellschaft, Medien), selbst wenn sie ihnen nicht entsprechen oder sie andere Vorstellungen von einem erfüllten Leben haben. Schließlich wollen wir alle dazugehören – ein menschliches Grundbedürfnis. Das macht es schwer, die Balance zwischen den eigenen Vorstellungen und den Ansprüchen oder Empfehlungen anderer herzustellen. Manchmal dauert es einige Zeit, bis wir Zugang zu dem finden, was wir selbst wollen.

Simon, Rechtsanwalt, Coaching-Klient

Simon hatte nach dem Abitur keine konkreten Vorstellungen davon, was er beruflich machen wollte. Was er wusste, war, dass er über ein ausgeprägtes Sprachtalent verfügte. Das zeigte sich darin, dass er neben Englisch und Französisch auch fließend Spanisch sprechen konnte. In der Berufsberatung beim Arbeitsamt wurden ihm ein Lehramtsstudium oder eine Ausbildung zum Dolmetscher und Übersetzer empfohlen. Beides konnte er sich nicht vorstellen, und so kam eine dritte Variante ins Spiel: die Kombination mit Wirtschaft oder Jura.

In seinem letzten Schuljahr hatte er an einer juristischen Arbeitsgemeinschaft teilgenommen und entschied sich daher für Jura. Das Studium selbst absolvierte er mit Erfolg, wenn auch ohne große Begeisterung. Nach dem Staatsexamen arbeitete er in einer Anwaltskanzlei, bis ihm bewusst wurde, dass er mit seinem Studium fremden Vorstellungen gefolgt war: Seine Mutter wäre gerne Jugendrichterin geworden, konnte diesen Wunsch jedoch nicht verwirklichen. Und die juristische Arbeitsgemeinschaft hatte vor allem dazu gedient, seinem Vater in Diskussionen besser Paroli bieten zu können.

Nachdem er dies entdeckt hatte, wollte er seinen wahren Wünschen auf die Spur kommen. Es entstand eine Lösung, bei der wir seinen bisherigen Werdegang mit seinen Interessen zu einer neuen Möglichkeiten verbanden. Heute unterstützt er Anwaltskanzleien darin, durch kundenorientierte Kommunikation mehr Mandanten zu gewinnen.

Überprüfen Sie regelmäßig, ob Ihre Wünsche und Ziele wirklich Ihren eigenen Vorstellungen entsprechen oder ob Sie den Traum von jemand anderem erfüllen. !

Kopf und Gefühl in Einklang bringen

Wie das Beispiel von Simon zeigt, ist es wichtig herauszufinden, welche Wünsche *Sie* für *Ihr* Leben haben. Sie allein bestimmen, wie Sie Ihr Leben gestalten wollen und wohin die Reise geht. Dabei kann Ihnen Ihr Verstand Hinweise liefern, die Ihnen dabei helfen zu erkennen, was wichtig und richtig ist. Von dort kommen zugleich die kritischen Stimmen, die diese als sinnlos oder unmöglich abwehren.

Beim üblichen Vorgehen zur Zielerreichung werden diese kritischen Stimmen und Zweifel kaum berücksichtigt. Dort geht es im Wesentlichen um die Abfolge „entscheiden – planen – umsetzen". Dieses Vorgehen erfordert einen gewissen Tunnelblick, mit dem das Ziel fest im Auge behalten wird. Alles, was dafür nicht dienlich ist, wird ausgeblendet. Für Gefühle bleibt da wenig Raum.

Damit fehlt allerdings ein wesentlicher Faktor: was Ihr Herz dazu sagt. Wenn es um persönliche Wünsche und Vorstellungen für die Zukunft geht, ist es der bessere Ratgeber. Dort sitzen Ihre Gefühle, ohne die Ihre Ideen Luftblasen gleichen, die von Zeit zu Zeit aufsteigen – und schnell wieder zerplatzen. Erst wenn Sie auf Ihr Herz hören, erkennen Sie, welche Ihrer Wünsche etwas in Ihnen zum Klingen bringen. Nun stellt sich die Frage, wie gut Ihr Zugang zu diesem Ratgeber ist. Wurden seine Impulse jahrelang ignoriert oder abgewehrt, macht er sich nur noch leise bemerkbar. Dann brauchen Sie einige Zeit, bis Sie diese Stimme wieder wahrnehmen und ihr vertrauen.

Das MutmacherPrinzip®, das Sie im nächsten Kapitel kennenlernen, unterstützt Sie darin, Kopf und Gefühl wieder miteinander zu verbinden. Dieses Vorgehen ist so individuell wie Sie selbst, basiert auf Ihren Bedürfnissen und ist an Ihre Lebenssituation angepasst. Sie setzen es in Ihrem eigenen Tempo und auf die Weise ein, die zu Ihnen passt. Statt Ihrem Verstand, der alles mit Vernunft regeln will, die Vorherrschaft zu überlassen, beziehen Sie Ihr Herz mit ein, achten auf Ihre Gefühle und folgen diesen Hinweisen.

Erkennen, was wichtig und richtig ist

Ihre Bestandsaufnahme vom Anfang dieses Kapitels hat Ihnen gezeigt, in welchem Bereich Sie den stärksten Veränderungswunsch haben und was für Sie höchste Priorität hat. Vielleicht verspüren Sie auch einen Druck, aktiv zu werden, anstatt noch länger zu warten. Doch kennen Sie schon die Richtung, in die Sie sich bewegen wollen?

Viele Menschen tun sich schwer damit. Sie wissen zwar, was sie nicht (mehr) wollen, doch fehlt ihnen eine Vorstellung davon, was sie stattdessen möchten. Viele bleiben deshalb viel zu lange in unguten oder sogar krankmachenden Situationen und hoffen darauf, dass sie eines Tages der Blitz der Erkenntnis trifft. Das kann dauern …

Wie ich meine Berufung fand

Mein Veränderungsweg begann mit einem OP-bedingten Ausfall. In diesen sieben Wochen wurde mir bewusst, dass ich beruflich dringend etwas ändern musste. Doch was, war mir unklar. Ich war beim besten Arbeitgeber, den ich mir vorstellen konnte. Die Rahmenbedingungen waren in Ordnung – und doch spürte ich eine Unzufriedenheit, die ich zwar einordnen, jedoch nicht verändern konnte.

Also wartete ich ab und vertraute darauf, dass zu gegebener Zeit das Passende auftauchen würde. In der Zwischenzeit reduzierte ich meine täglichen Arbeitsstunden, widmete mich wieder privaten Interessen und sparte so viel Geld wie möglich, um sicherzustellen, dass ich ohne finanziellen Druck auch etwas ganz anderes machen konnte.

Die Phase des Wartens dauerte 18 Monate. Eines Tages saß ich in einem internen Seminar, als mich plötzlich die Erkenntnis wie ein Blitz traf: Was der Referent machte, das wollte ich auch tun. Sofort fielen mir unzählige Situationen ein, die mich in diesem Wunsch bestärkten und mir zeigten, dass es für mich der richtige Weg ist.

Weitere 18 Monate später habe ich das Unternehmen verlassen, für das ich fast 14 Jahre tätig war. Damit begann mein Weg in die Selbstständigkeit.

Abwarten ist nicht für jeden möglich. Und auch nicht erforderlich. Anders als Ende der 1980er-Jahre gibt es heute viele gute Ansätze, die schneller zum Ziel führen. Einer davon ist, sich intensiv mit den eigenen Wünschen und Träumen zu beschäftigen und sich mehr und mehr mit ihnen zu verbinden. Damit erkennen Sie, welches Potenzial darin steckt und wie Sie darüber zu anhaltender Zufriedenheit gelangen.

Wünsche und Träume weisen die Richtung

Unsere Tagträume sowie immer wieder auftauchende Wünsche zeigen uns oft eine mögliche Zukunft. Allerdings nehmen viele Menschen diese Hinweise nicht besonders ernst. Sie werten ihre Ideen als Spinnerei, Traumtänzerei oder

Utopie ab. Wenn sie darüber reden, werden sie in dieser Bewertung von ihrem Umfeld meist zusätzlich bestärkt.

Wer auftauchende Wünsche und Ideen regelmäßig ignoriert, führt ein Leben auf Sparflamme. Nach außen hin scheint alles in Ordnung, doch innerlich wissen Sie, dass etwas fehlt und Sie sich mehr vom Leben versprochen haben als hin und wieder einen Traumurlaub oder eine Abenteuerreise. Nach einigen Wochen sind diese Erinnerungen verblasst und der graue Alltag überdeckt wieder alles. Irgendwann reichen Reisen und Abenteuer nicht mehr aus, den Frust und die Unzufriedenheit auszugleichen. Sie fühlen sich innerlich leer, sind unglücklich und weit entfernt von dem, was ein erfülltes Leben ausmacht.

Eva-Ellen Weiß zum Thema „Träume verwirklichen"

Ich bin mit der Vorstellung aufgewachsen, dass ich alles werden kann, was ich will. Die Wirklichkeit sah anders aus. Ich wählte ein Studium, das kaum zu mir passte, und mein erster Job danach hat mich so schockiert, dass ich mich gefragt habe: Muss Arbeit so schrecklich sein? Wie machen die anderen das? Wie halten die das aus?

Dieser Job quälte mich und machte mich unvorstellbar unglücklich. Ich habe ihn schließlich gekündigt und zweieinhalb Jahre mit der Suche nach dem richtigen Job durchgehalten, bis ich ihn wirklich gefunden habe. Heute arbeite ich an der Uni Düsseldorf als Dozentin und Doktorandin.

Befassen Sie sich mit Ihren Wünschen und Träumen. Finden Sie heraus, was Sie begeistert und fasziniert, welche Möglichkeiten Sie stimulieren und Sie erfreuen.

Aufgabe: Wünsche und Träume erkennen

Wenn Sie noch keine Vorstellung davon haben, welche Richtung Sie nehmen wollen, sammeln Sie alles. Nehmen Sie sich Ihr Schreibbuch oder einen großen Bogen Papier. Schreiben, malen oder kleben Sie Ihre Antworten auf die folgenden Fragen auf:

- *Wovon habe ich schon immer geträumt?*
  Erinnern Sie sich an die Vorstellungen, die Sie als Kind hatten. Was war das? Wovon haben Sie geschwärmt? Was wollten Sie werden? Fragen Sie auch in Ihrem Umfeld, woran sich andere noch erinnern. Was davon löst noch immer positive Gefühle in Ihnen aus? Markieren Sie dies in Ihrer Sammlung.
- *Welche Aktivitäten faszinieren mich besonders?*
  Achten Sie darauf, welche Themen Ihre Aufmerksamkeit wecken und vor allem auch halten – sei es in Büchern, in Zeitschriften oder in Fernseh- oder Radioreportagen. Was beschäftigt Sie länger als eine Stunde, was wirkt nach oder taucht später wieder auf?
- *Worin verliere ich mich?*
  Welche Aufgaben beschäftigen Sie so sehr, dass Sie darüber sogar Essen und Trinken vergessen?
- *Was möchte ich einmal ausprobieren?*
  Welche Beschäftigungen sprechen Sie so sehr an, dass Sie Lust darauf bekommen? Schreiben Sie auf, was Sie daran hindert, es zu probieren.
- *Wen bewundere oder beneide ich?*
  Bewunderung und Neid zeigen Ihnen, was in Ihnen schlummert und darauf wartet, beachtet und gesehen zu werden. Auch hier sind Details wichtig: Wer ist es? Was macht die Person? Was genau fasziniert Sie? Spüren Sie hin und beschreiben Sie die Einzelheiten.

Machen Sie diese Aufgabe über mehrere Tage, bis Sie glauben, genügend Material zusammengetragen zu haben. Schreiben Sie alle Punkte einzeln auf Klebezettel, damit Sie nach unterschiedlichen Kriterien sortieren können. Wenn etwas mehrmals auftaucht, schreiben Sie es so oft, wie es vorkommt. Damit erkennen Sie schneller wichtige, wiederkehrende Faktoren. Finden Sie mehrere Kriterien, nach denen Sie sortieren. Seien Sie hier fantasievoll und erlauben Sie sich, ein wenig zu spinnen. Das regt Ihre Kombinationsgabe an. Noch besser ist es, wenn Sie diese Aufgabe mit jemandem zusammen machen, der einen zusätzlichen Blick darauf liefert. Sortierkriterien können sein: alphabetisch, nach Farben oder Bildern, Stichworten, Themen …

Aufgabe: Alle Ergebnisse analysieren

Mit diesen Fragen analysieren Sie jedes Ergebnis.

- *Welche Gemeinsamkeit haben die Punkte? Welchen roten Faden erkenne ich?*
  Beispiele: Sprachwitz, international, Innovationen, Mut zum Ungewöhnlichen …
- *Was spricht mich daran an? Woran erinnert mich dieses Thema? Was verbinde ich damit?*
  Beispiele: meine Begeisterung für Popmusik; wie ich im Urlaub Kfz-Kennzeichen gesammelt habe; der Wettbewerb mit meinem Bruder im Schwimmen; wie leicht mir das Sprachenlernen fiel …
- *Was davon möchte ich weiterverfolgen? Was lege ich erst mal zur Seite?*
  Mögliche Auswahlkriterien: Energie oder Lebendigkeit, die ich dabei verspüre; Bedeutung, die das Thema heute noch für mich hat; Freude, die damit verbunden ist …

Schauen Sie sich Ihre bisherige Sammlung an. Spricht Sie ein Thema besonders an – und macht Ihnen vielleicht ein wenig Angst? Dann sind Sie auf einem guten Weg. Wenn dies noch nicht der Fall ist, keine Bange. Mit den nächsten Schritten finden Sie weiter heraus, was Sie wirklich wollen.

Was wollen Sie wirklich?

Jetzt begeben wir uns noch stärker in den Bereich der Fantasie. Das heißt, Sie dürfen ein wenig spinnen. Das weckt die kreative, schöpferische Seite in Ihnen. Und behaupten Sie jetzt nicht, Sie wären nicht fantasievoll! Ihr Vorstellungsvermögen mag nicht sonderlich ausgeprägt sein. Doch jeder Mensch verfügt über die Fähigkeit, sich etwas auszudenken. Also auch Sie.

Sie machen es täglich – wenn Sie an all die negativen Dinge denken, die passieren könnten: dass Sie zu spät kommen, Ihre Präsentation nicht ankommt, Ihr Kind auf dem Heimweg einen Unfall haben könnte … Meist tritt all das Schreckliche, das wir uns vorstellen, überhaupt nicht ein. Ihre Gedanken sind reine Fantasie. Selbst wenn diese Bilder oder Gedanken sehr real erscheinen, sind sie doch nichts anderes als ein Ergebnis Ihres Vorstellungsvermögens. Nutzen Sie diese Gabe dafür, sich das Beste vorzustellen, was Ihnen einfällt.

Fantasie walten lassen, groß denken

Fangen Sie damit an, so groß wie nur irgend möglich zu denken. Lassen Sie alle Schranken fallen, die Sie bislang gehindert haben, und erlauben Sie sich, einfach nur herumzuspinnen.

Eine Gelegenheit dazu hatten Sie schon in der Einführung, als Sie Ihren Wünschebottich füllen durften. Haben Sie dies getan? Dann fällt es Ihnen jetzt sicher leicht, damit weiterzumachen. Wenn nicht, ist jetzt der Zeitpunkt, damit zu beginnen.

Aufgabe: Vorstellungen weiter ausdehnen

Dehnen Sie Ihre Ideen davon, was Sie in Ihrem Leben haben könnten, weit über das hinaus aus, was Sie sich bislang vorgestellt haben. Wenn es Ihnen schwerfällt, sich dieses Leben für sich selbst auszumalen, erfinden Sie eine Kunstperson, der Sie alles geben, was Ihnen einfällt.

Wie wäre eine Person, die alles hat, was nur möglich erscheint – und noch viel mehr. Wo lebt sie? Womit beschäftigt sie sich? Wie gibt sie ihr Geld aus? Wer umgibt sie?

Gehen Sie noch einen Schritt weiter: Was wäre das Verrückteste, was diese Person erleben könnte?

Erleben Sie alles, was dieses Leben ausmacht, und fühlen Sie, wie es sich anfühlt, all dies zu haben und zu sein: stolz, ehrenwert, großartig, geschätzt, mächtig, sexy, bewundert, großzügig, kraftvoll, demütig, sicher, frei, lebendig, dankbar …

Baden Sie in dieser Vorstellung und lassen Sie sich davon einhüllen. Bleiben Sie mit diesen Gefühlen verbunden und schreiben Sie auf, was Sie erleben und wie es sich anfühlt. Mehr ist nicht zu tun.

Machen Sie diese Aufgabe im Freundeskreis oder in einer Mutmacher-Gruppe. Bestärken Sie sich gegenseitig, noch größer, verrückter, wilder zu denken. Wenn Sie sich diese Fantasie erlauben, werden Sie einen Energieschub erleben wie selten zuvor. Das stimuliert Ihr Gehirn, das nicht unterscheiden kann zwischen objektiver Wirklichkeit und dem, was Sie in Ihrer Fantasie erschaffen. Also stellen Sie sich das Beste vor, was Sie erträumen können!

Was wäre, wenn …

Dieser Satzanfang unterstützt uns darin, Ideen und Vorstellungen nachzugehen und sie durchzuspielen, ohne sofort an die Umsetzung zu denken. Es ist ja nur ein Gedankenspiel. Allerdings eines, das wertvolle Erkenntnisse liefern kann. Als ich vor Jahren mit diesem Satzanfang darüber nachdachte, wie es wäre, ein langjähriges Angebot loszulassen, war die Antwort sehr schnell klar. Ich spürte eine große Erleichterung, die sich als ein Gefühl von Weite und Freiheit in mir ausbreitete.

An dieser Stelle wandeln wir diese Überlegung ab und nehmen Folgendes an: Alle Menschen haben den Wunsch, ein zufriedenes und glückliches Leben zu führen. Egal wo sie sich derzeit befinden und was sie noch daran hindert. Das machen wir uns jetzt zunutze.

Anhand der bisherigen Aufgaben haben Sie schon eine Menge über sich und Ihre Wünsche erfahren. Inzwischen sind Sie auch mit Ihrer Fantasie vertrauter geworden. Das hilft Ihnen bei der abschließenden Übung, in der es darum geht, aus Ihren Vorstellungen eine Zukunftsvision zu gestalten. Diese beinhaltet alles, was Sie sich in den vier wichtigsten Lebensbereichen (Tätigkeit, Finanzen, Beziehungen, Gesundheit) wünschen. Damit Sie nicht ins Nachdenken und darüber ins Bewerten verfallen, ist eine Bedingung damit verknüpft: Sie müssen nonstop schreiben. Bleiben Sie dabei in Verbindung mit Ihrem Gefühl und schreiben Sie einfach drauflos.

Aufgabe: „Ich liebe mein Leben"

Schreiben Sie an den Anfang den folgenden Satz: Es ist [Monat] [Jahr plus 3] – und ich liebe mein Leben! [Monat] steht für den aktuellen Monat, in dem Sie diese Aufgabe machen, und [Jahr plus 3] für drei Jahre in die Zukunft. Das sieht dann so aus: Es ist April 2017 – und ich liebe mein Leben! Es bietet mir alles, was ich mir immer gewünscht habe … Und jetzt beschreiben Sie, was dies beinhaltet. Was ist vorhanden, wenn Sie Ihr Leben lieben und es genau so ist, wie Sie es sich wünschen?

Schreiben Sie mindestens zehn Minuten lang ohne abzusetzen alles auf, was Ihnen einfällt. Wenn Sie ins Stocken geraten, schreiben Sie erneut den Satz: Ich liebe mein Leben! Dadurch verbinden Sie sich wieder mit dem Gefühl, wie es ist, wenn Sie nicht mit irgendwelchen Kompromissen leben, sondern wirklich begeistert, glücklich und zufrieden sind.

Spüren Sie immer wieder hin, wie es sich anfühlt, auf allen Ebenen lebendig zu sein. Das ist die einzige Richtschnur für Ihre Beschreibung. Seien Sie mutig und beschreiben Sie, was Sie sich vorstellen und wünschen. Niemand außer Ihnen wird diese Seiten lesen oder zu Gesicht bekommen. Es sei denn, Sie entscheiden sich dafür.

Die Zukunftsvision zieht das Ergebnis an

Mit Ihrer Beschreibung nehmen Sie Ihre Zukunft vorweg. Lesen Sie sich täglich durch, was Sie geschrieben haben, und bauen Sie Ihre Vorstellung weiter aus. Gestalten Sie die Einzelheiten noch plastischer. Fügen Sie weitere Elemente hinzu. Damit holen Sie Ihre Zukunftsvision in die Gegenwart und lassen sie lebendig werden. Sie verbinden sich immer wieder mit allem, was Sie sich wünschen und was Sie kraftvoll und lebendig sein lässt. Sie werden zu einem Magneten, sowohl für Ihr Ziel als auch für einen leichten Weg dorthin.

Wie bereits erwähnt, kann unser Gehirn, das mit dem Unterbewussten verbunden ist, nicht zwischen „erdacht" und „wirklich" unterscheiden. Es wird daher auf Ihre Gefühle antworten und Sie darin unterstützen, alles anzuziehen, was Sie brauchen, damit diese Wirklichkeit entsteht. Je besser Sie – vor allem auf der Gefühlsebene – mit Ihrer Zukunftsvision verbunden bleiben, desto mehr Impulse erhalten Sie für die nächsten Schritte.

> ***Meike, selbstständige Designerin, Teilnehmerin einer Coaching-Gruppe, ein Jahr nach ihrer Teilnahme***
>
> *Jetzt verstehe ich, warum wir zu Beginn diesen Text schreiben sollten. Damals habe ich es nicht nachvollziehen können und fand es nur eine lästige Übung. Doch inzwischen ist alles, was ich damals aufgeschrieben habe, tatsächlich eingetreten.*

Ein Vorhaben auswählen

Je ausführlicher Sie Ihre Zukunftsvision beschrieben haben, desto mehr Punkte stecken darin. Daher empfehle ich Ihnen, sich für die nächsten sechs Monate auf ein Vorhaben auszurichten und diesem Ihre volle Aufmerksamkeit zu schenken. Das bedeutet nicht, die anderen außen vor zu lassen. Diese bleiben in Ihnen verankert, entwickeln sich dort in ihrem eigenen Tempo und kommen zum passenden Zeitpunkt an die Oberfläche. Das geschieht automatisch und ohne dass Sie etwas dafür tun müssen.

Denken Sie noch einmal an Ihre Ausgangssituation zurück: Was wollten Sie in den nächsten zwölf bis 18 Monaten verändern? Was hat für Sie höchste Priorität? Dies bestimmt die Auswahl Ihres Vorhabens.

Zugleich empfehle ich Ihnen, für die Arbeit mit den Mut-Werkzeugen, die ich Ihnen im nächsten Kapitel vorstelle, ein Ziel zu wählen, auf das die folgenden Kriterien zutreffen:

- **mutig** – Sie überschreiten damit Ihre bisherigen Grenzen und erweitern Ihre Komfortzone. Damit ist der Bereich gemeint, in dem wir alles können und wissen, routiniert handeln und uns bewusst sind, welche Stärken, Schwächen und Fähigkeiten wir haben.
- **ehrgeizig** – Es fordert Sie einerseits heraus, einen höheren Einsatz zu bringen als bislang. Andererseits wissen Sie noch nicht, wie und ob es überhaupt erreichbar ist.
- **wünschenswert** – Es ist etwas, das Sie sich wirklich und vielleicht schon lange wünschen. Doch bislang haben Ängste, Zweifel oder fehlende Unterstützung Sie davon

abgehalten. Dann entscheiden Sie sich jetzt dafür, Ihrem Ziel ein größeres Gewicht zu geben als allen Hindernissen und Unsicherheiten – damit daraus gelebte Wirklichkeit wird.

Welches Vorhaben wählen Sie?

Beschreiben Sie Ihr Vorhaben in einem klaren, vollständigen Satz, der ein Ergebnis enthält – so als hätten Sie Ihr Ziel bereits erreicht. Das heißt, dass darin keine „Weichmacher" wie „werde, möchte, würde gerne …" enthalten sind. Nutzen Sie Begriffe, die Gefühle vermitteln. Hier ein Beispiel für eine klare, emotionale Zielformulierung: *Ich habe eine Tätigkeit gefunden, die mich erfüllt und meine Fähigkeiten und Erfahrungen voll zur Geltung bringt.*

Weitere Informationen zu Zielformulierungen finden Sie auf der Webseite zum Buch (www.mutmacherprinzip.de).

Das Ziel fest verankern

Mit den folgenden Anregungen behalten Sie Ihr Vorhaben im Blick und regen Ihr Unterbewusstsein dazu an, Ihnen immer wieder Impulse zu liefern. Wählen Sie dafür eine oder besser noch beide Varianten:

- Geben Sie Ihrem Ziel ein **attraktives Motto** oder einen **emotionalen Namen**. Solche Mottos können sein: *Durchbruch zum Erfolg … Magnetismus für meine Idealkunden … Freiheit, die ich meine! … Mein Jahr der Liebe und des Glücks.* Oder Sie wählen eine Kurzbeschreibung wie „Projekt Feuervogel" oder einfach einen

Namen wie Laura, Egon oder Rudi, mit dem Sie positive Assoziationen verknüpfen.

- Finden Sie ein **Symbol**, das Sie als optischer Anker immer wieder an Ihr Vorhaben erinnert. Hier ein paar Beispiele: ein Springbrunnen für finanzielle Fülle, ein Adler für Freiheit oder Leichtigkeit ...
- Machen Sie Ihr Vorhaben an vielen Stellen sichtbar, z. B. als Foto auf Ihrem Schreibtisch, dem Handy oder als Hintergrund auf dem Desktop Ihres Rechners. Oder Sie kleben den Namen auf Ihr Tagebuch oder Ihren Ziele-Ordner. Der Slogan kann als Bildschirmschoner dienen – wenn er sich dort bewegt, wirkt er noch stärker.
- Wenn Sie eher ein haptischer Mensch sind, wählen Sie etwas, das sich leicht in der Hosen-, Jacken- oder Handtasche mitnehmen lässt, wie etwa ein Plüschtier, eine Muschel oder ein Stein, mit denen Sie positive Erinnerungen verbinden.

In kleinen Arbeitsschritten voran

Bei großen Vorhaben entsteht leicht ein Gefühl der Überforderung, wenn wir daran denken, wie viele Schritte dafür erforderlich sind. Konzentrieren Sie sich lieber auf kleine Schritte, die Sie täglich unternehmen können, anstatt in Meilensteinen und großen Aktionen zu denken. Eine Vielzahl kleiner Schritte führt leichter zu Ergebnissen als große Brocken, die sich nur mit hohem Aufwand und großer Anstrengung umsetzen lassen.

Diese kleinen Schritte werden auch als „Arbeitsschritte" bezeichnet. Es sind kleinste mögliche Einheiten, die Sie innerhalb von 15 Minuten erledigen können, z. B. ein Telefonat führen, ein Buchkapitel lesen, eine Seite Text schreiben … Gewöhnen Sie sich an, jeden Tag mindestens einen Arbeitsschritt zu machen.

! Handeln Sie nach dem Motto: Besser stetig kleine Schritte, die sich fast nebenbei erledigen lassen, als hin und wieder einen großen Schritt, der viel Kraft kostet.

Halten Sie Ihre Arbeitsschritte in Ihrem Fortschrittstagebuch fest. So erkennen Sie jederzeit, welchen Weg Sie bereits zurückgelegt haben. Wenn es einmal schwierig ist oder Ihnen der Antrieb fehlt, betrachten Sie, wie viel Sie bereits unternommen und welche Ergebnisse Sie erzielt haben. Das motiviert dazu, mit kleinen Schritten weiterzumachen.

Die nächsten Schritte

- Wählen Sie Ihr wichtigstes Vorhaben aus. Entscheiden Sie sich für ein Teilziel, auf das Sie sich ausrichten.
- Geben Sie Ihrem Vorhaben einen Namen oder Slogan, finden Sie ein passendes Symbol dafür oder gestalten Sie eine Collage mit wichtigen Details, die Sie immer wieder an Ihr Ziel erinnern.

Das MutmacherPrinzip: Damit geht's leichter!

Mit Werkzeugen, die zu Ihrer Persönlichkeit und Ihrer individuellen Arbeitsweise passen, gelangen Sie deutlich leichter zum Ziel. Das ist bei den Elementen des MutmacherPrinzips der Fall. Sie bieten eine Vorgehensweise, mit der Sie den leichtesten Weg zu Ihrem Ziel erkennen – allerdings auf andere Weise als gewohnt. Anstelle einer „Man-nehme-Anleitung", die Sie wie einen Routenplan einsetzen, bietet Ihnen das MutmacherPrinzip einen Rahmen, mit dem Sie *Ihren* leichtesten Weg finden.

Das MutmacherPrinzip verbindet alle drei Ebenen der Person in folgender Weise:

- Auf der **mentalen Ebene** haben Sie bereits erste Schritte unternommen, wenn Sie die bisherigen Aufgaben gemacht haben. Sie haben herausgearbeitet, was Sie wirklich wollen, und ein Vorhaben ausgewählt. Bleibt noch die Frage, ob Sie auch voll und ganz dafür entschieden und daher bereit sind, alle erforderlichen Schritte zu unternehmen.

- Auf der **physischen oder körperlichen Ebene** setzen Sie Ihre Vorstellungen um und gelangen durch verbindliches Handeln immer näher ans Ziel. Je nach Vorliebe machen Sie sich allein auf den Weg oder holen sich Begleitung und Bestärkung durch eine Unterstützungsgruppe oder einen Coach. Je verbindlicher Sie handeln, desto schneller und leichter gelangen Sie ans Ziel. Zudem nutzen Sie hier Ihren Körper als Kompass für Leichtigkeit.

- Ergänzt werden diese beiden Ebenen durch die **spirituelle Dimension**. Hier treten Sie in Verbindung mit universellen, kollektiven Energien. Diese zeigen sich als innere Führung, Intuition oder Handlungsimpulse. Auf dieser Ebene erhalten Sie im richtigen Moment die passenden Ideen für Ihre nächsten Schritte. Das kann auch mal bedeuten, abzuwarten und nichts zu tun, anstatt zu handeln, nur damit etwas getan ist.

In diesem Kapitel lernen Sie vier Mut-Werkzeuge kennen, mit denen Sie leichter vorankommen:

- **Entschiedenheit** – Diese ebnet den Weg zu mehr Leichtigkeit.
- **Vorstellungskraft** – Eine starke innere Verbindung zu Ihrem Vorhaben wirkt als Magnet für Zufälle.
- **Ausrichtung** – Damit nehmen Sie die gewünschten Ergebnisse gedanklich vorweg und vertrauen auf Ihre innere Führung.
- **Verbindliches Engagement** – ist die Bereitschaft, auftauchende Impulse ohne Wenn und Aber umzusetzen.

Entschiedenheit: den Weg ebnen

Mit der Festlegung Ihrer höchsten Priorität haben Sie die Richtung bestimmt und eine Entscheidung getroffen, welches Vorhaben Sie umsetzen. Doch sind Sie wirklich dafür entschieden? Oft sind wir nur halbherzig dabei, weil wir uns weitere Möglichkeiten offenhalten wollen. Allerdings entstehen dadurch nur halbherzige Ergebnisse und der mögliche Erfolg bleibt auf der Strecke.

Entschiedenheit folgt der Entscheidung

Die Auswahl war nur der erste Schritt. Danach kam die Entscheidung für eine von mehreren Möglichkeiten. Doch bis Sie wirklich entschieden sind, halten Sie sich alle Hintertürchen offen: Vielleicht kommt ja doch noch etwas anderes – eine bessere Möglichkeit, ein interessanteres Projekt? Erst mit Ihrer Entschiedenheit stehen Sie bewusst zu Ihrer Wahl. Es gibt kein „vielleicht" mehr, sondern nur das Ja zu Ihrem Vorhaben, das aus vollem Herzen kommt.

Mit Ihrem „Ich entscheide mich dafür!" unterstreichen Sie Ihre Bereitschaft, sich mit allen zur Verfügung stehenden Mitteln dafür einzusetzen – selbst wenn es schwierig ist, Sie dafür Neuland betreten oder Gewohnheiten verändern müssen. Sie stehen zu Ihrem Ziel – ohne Wenn und Aber. Dadurch erhält Ihr Vorhaben Ihre volle Aufmerksamkeit und ganze Energie.

Axel Naglich, österreichischer Extrembergsteiger

Wie Entschiedenheit aussehen kann, ist in beeindruckender Weise in dem österreichischen Dokumentarfilm „Mount St. Elias" von 2007 zu sehen.[1] *Vor der Überquerung einer riskanten Passage auf über 5.000 Metern Höhe bringt es der Extrembergsteiger Axel Naglich gegenüber seinen zögerlichen Kollegen so zum Ausdruck: „Ich bin doch nicht bis hierher geklettert, um jetzt aufzugeben!"*

Zugegeben, dies ist ein extremes Beispiel. Dennoch kann Axel Naglich als Vorbild für Ihren Alltag dienen. Sobald Sie

[1] Mehr Informationen zu diesem Film: http://www.mountstelias.com/de/

sich dafür entschieden haben, erleben Sie auch bei kleineren Zielen, wie sich die Dinge in manchmal geradezu wundersamer Weise ineinanderfügen. Die vermeintliche „Magie" entsteht durch die Entschiedenheit für Ihr Ziel. Oder wie es eine amerikanische Kollegin auf den Punkt bringt: *„Es ist kein Hokuspokus, sondern Fokus."*

Entschiedenheit und Fokus wirken wie ein Magnet, der zum richtigen und passenden Zeitpunkt alles anzieht, was Sie zur Verwirklichung Ihres Zieles brauchen.

Wie entschieden bin ich?

Woran erkennen Sie, ob Sie wirklich entschieden sind? Diese Frage wird mir häufig gestellt und lässt sich leicht beantworten: Am Ergebnis Ihrer Handlungen. Ich möchte Ihnen dazu ein Beispiel geben, wie sich Entschiedenheit auf die Ergebnisse auswirkt.

Von zwei auf sieben Teilnehmende

Bei einem Gründertraining, das ich schon mehrfach erfolgreich durchgeführt hatte, blieben die Anmeldungen aus. Am Sonntag, drei Tage vor dem Termin, lagen gerade mal zwei Anmeldungen vor. Als ich mit einer Freundin darüber sprach, stellte sie mir die Frage: Wie entschieden bist du für das Training? *Sofort spürte ich, dass hier der Schlüssel lag: Ich war unentschieden!*

Einerseits wollte ich die damit verbundenen Einnahmen, andererseits gab es andere Themen, die mich mehr beschäftigten. Noch am gleichen Abend entschied ich mich bewusst dafür, das Training mit mindestens sechs Personen zu starten.

Woher die Teilnehmer kommen sollten, war mir zu diesem Zeitpunkt völlig unklar. Doch es fügte sich alles bestens. Am Montag erhielt ich einen Anruf, der in zwei Anmeldungen mündete; am Dienstag ging eine weitere Anmeldung ein, sodass ich das Seminar am Mittwochmorgen mit diesen fünf Personen startete. Nach 20 Minuten ging die Tür auf und ein sechster Teilnehmer erschien. Für diesen hatte ich bereits erwartungsvoll einen Stuhl bereitgestellt.

Die Überraschung war perfekt, als nach einer weiteren halben Stunde ein siebter Teilnehmer erschien. Er hatte sich erst an diesem Morgen spontan dazu entschieden.

Wenn sich die Dinge nicht so entwickeln wie erwartet, stelle ich mir regelmäßig die Frage: *Wie entschieden bin ich?* Manchmal sage ich eine Veranstaltung ab, weil mir bewusst ist, dass ich mich zu diesem Zeitpunkt nicht dafür entscheiden möchte. Dann gilt, was der US-Psychologe William James sagt: *„Wenn du eine Entscheidung treffen musst und du triffst sie nicht, ist das auch eine Entscheidung."*[2]

Mit der Kraft der Entschiedenheit öffnen Sie die Tür zum Erfolg. Nutzen Sie die folgende Schlüsselfrage an jeder Stelle Ihres Wegs: *Wie entschieden bin ich (für mein Vorhaben/diesen Schritt ...)?*

[2] Zitiert nach Jochen Mai. Beitrag „Wahlpflicht – Entschiedenheit ist mehr als zu entscheiden" vom 29.11.2009 im Karrierebibel-Blog, http://bit.ly/gRDAn2

Vorstellungskraft: Ergebnisse vorwegnehmen

Eine Zukunftsvision zu Papier zu bringen, ist der erste Schritt, dem nun ein weiterer folgen muss: sich immer wieder mit dem Vorhaben zu verbinden und es sich in allen Einzelheiten vorzustellen. Dies ist ein wesentlicher Punkt, um Ihr Ziel mit Leichtigkeit zu erreichen. Sie visualisieren Ihr Ziel und lassen es damit in Ihrer Vorstellung lebendig werden. Sie malen sich alle Einzelheiten aus und nehmen die Ergebnisse vorweg. Sie sehen sich bereits am Ziel angekommen und fühlen, wie es dort ist.

Je öfter Sie sich in Ihre künftige Lebens- und Arbeitswelt versetzen, desto mehr Einzelheiten fügen Sie Ihrem bislang noch unscharfen Zukunftsbild hinzu. Sie erschaffen eine klare, definierte und lebendige Vorstellung dessen, was Sie erreichen wollen. Damit entsteht der zuvor angesprochene Fokus, die innere Ausrichtung auf Ihr Ziel, aus der vermeintlich magische Ergebnisse entspringen.

Wie eine hohe Anziehungskraft entsteht

Solange Sie mit Ihren Wünschen befasst sind, verbleiben Sie im Wollen. Das Einzige, was dadurch sicher entsteht, ist noch mehr Wollen. Daran ist nichts verkehrt. Schließlich wünschen sich viele Menschen, dass sich in ihrem Leben etwas verändert, und malen sich aus, wie dies aussehen könnte. Unsere Wünsche sind der erste Schritt zu einer Veränderung und daher sehr wichtig. Sie gleichen einem Kompass, der in Richtung unserer Interessen, Vorlieben und Bedürfnisse weist.

Leider kommen mit den Wünschen nicht automatisch auch Mittel und Wege, um sie zu verwirklichen. Diese entstehen erst, wenn Sie sich über die Wünsche und Vorstellungen hinaus in den mentalen Zustand des Habens begeben. Dazu müssen Sie sich vorstellen, bereits alles zu haben, zu sein und zu tun, was Sie sich wünschen. Bereits in Ihrer Zukunft leben. Sie lebendig werden lassen. Dabei hilft Ihnen Ihre Vorstellungskraft. Mit ihr stellen Sie die Brücke zwischen der Gewissheit des Habens bei gleichzeitigem Loslassen allen Wollens her. Klingt erst einmal schwierig, gelingt mit etwas Übung jedoch immer besser. Voraussetzung ist, dass Sie verstehen, dass sich Wollen und Haben gegenseitig ausschließen. Solange Sie etwas wollen, können Sie es nicht haben. Erst wenn Sie in allen Gedanken und Aktionen tief eingetaucht sind in Ihre Vorstellung vom „Haben", entsteht der Weg dorthin.

Das hängt einerseits damit zusammen, dass alles auf der Welt, alle Erfindungen, Errungenschaften und Vorgehensweisen, zweimal entstehen: einmal in der Vorstellungskraft eines oder mehrerer Menschen und anschließend durch konkrete Handlungen in der Wirklichkeit. Bevor wir ein Ziel erreichen können, muss ein inneres Bild davon vorhanden sein. Nur was wir uns vorstellen können, werden wir auch verwirklichen.

Eine konstruktive Spannung erzeugen

Versetzen Sie sich in das Ergebnis, das Sie erreichen wollen. Ergänzen Sie Ihre Vorstellung mit alle Einzelheiten, die Ihnen wichtig sind, und lassen Sie diese mit allen Sinnen lebendig werden. Wie in diesem Beispiel:

Im künftigen Heim umhergehen

Sie haben den Grundriss für Ihr künftiges Heim vor sich liegen. Stellen Sie sich vor, wie Sie durch die einzelnen Zimmer gehen. Mit langsamen Schritten durchmessen Sie den ersten Raum. Sie fühlen den weichen Teppich unter Ihren Füßen und erleben den Unterschied zu den italienischen Terrakottafliesen in der Küche und im Eingangsbereich. Sie sehen die neuen Möbel, die so gut in das große Wohnzimmer mit den bodentiefen Fenstern passen.

Sie öffnen die Terrassentür und treten hinaus in den großzügigen Garten. Während Sie dort langsam umhergehen, erleben Sie die Freude an der Vielfalt der Pflanzen und die Farbenpracht der Blüten. Sie hören den Vögeln zu, die in den Bäumen ihr Nest gebaut haben. Sie riechen den süßen Duft der Blumen und pflücken einige der reifen Johannisbeeren. Sie spüren, wie saftig sie sind und wie sich der Geschmack in ihrem Mund verteilt. Sie erinnern sich daran, wie viel Kraft Sie empfunden haben, als Sie diese Büsche am Zaun gepflanzt haben. Über den Zaun sprechen Sie mit der Nachbarin, die Ihnen erzählt, wie sehr sie sich freut, dass Sie in dieses Haus eingezogen sind.

Kurzum: Sie erleben alles, was Sie sich wünschen, bereits jetzt mit allen Sinnen in Ihrer Vorstellung. Sie können jedes Detail sehen, hören, riechen, schmecken und fühlen.

Mit Ihrer detaillierten Zukunftsvision entsteht eine konstruktive Spannung, durch die Umsetzungsideen und mögliche Wege auftauchen. Ihr Unterbewusstsein registriert, dass es einen Unterschied gibt zwischen dem Ort, an dem Sie sich aktuell befinden, und Ihrer Zukunftsvorstellung. Diese Abweichung erzeugt eine Spannung, die Ihr Unterbewusstes dadurch auflöst, dass es Ihnen kontinuierlich

Hinweise gibt, wie Sie diese Diskrepanz möglichst schnell überwinden.

Holen Sie diese klare Vorstellung immer wieder in Ihr Bewusstsein und halten Sie diese dort – so wie der Kapitän eines Schiffes seinen Blick auf den Hafen richtet, den er ansteuert. Währenddessen behält er den Kompass, der ihn ans Ziel führt, immer im Auge. Machen Sie es ihm nach und erzeugen Sie damit die hohe Anziehungskraft, die Sie unweigerlich an Ihr Ziel bringt.

Je detaillierter Sie alles in Ihrer Vorstellung erleben, desto stärker spüren Sie die damit verbundene Energie und eine erwartungsvolle Lebendigkeit. Diese Energie entscheidet über Ihren künftigen Erfolg. Sie zieht alles an, was Sie brauchen, um Ihr Ziel zu erreichen: Ideen, Hilfe von außen und weitere positiven Faktoren wie Zufälle und unerwartete Unterstützung.

Die wichtigsten Fragen für Ihre Zukunftsvorstellung:

- Wo befinde ich mich und was erlebe ich in dieser Umgebung?
- Wie ist meine Umgebung gestaltet? Was sehe ich an diesem Ort?
- Womit verbringe ich meine Zeit – beruflich und privat?
- Mit wem bin ich in Kontakt? Wie gestalte ich meine Beziehungen?
- Was höre und sage ich? Wie verlaufen meine Gespräche und Begegnungen mit anderen?

Fügen Sie alles hinzu, was Sie sich wünschen. Lassen Sie weg, was auf Furcht, Mangel oder Ängsten beruht. Richten

Sie alles ausschließlich an der Freude und der Liebe zu Ihrem künftigen Leben aus.

Nutzen Sie Ihre Vorstellungskraft und diese Anregungen auch für einzelne Abschnitte oder Projekte. Malen Sie sich auch hier in der Verbindung von Bildern und Gefühlen das Ergebnis im Detail aus. Damit erkennen Sie, was sich für Sie gut anfühlt und wo Sie zu sehr vom Kopf her etwas wollen.

! Verankern Sie Ihre Zielvorstellung durch Bilder und Gefühle und verbinden Sie sich regelmäßig damit. Überprüfen Sie Ihre Vorstellungskraft mit dieser Schlüsselfrage: *Wie gut kann ich mein Vorhaben spüren?*

Ausrichtung: leichter zu Ergebnissen

Viele Menschen sprechen davon, dass sie die *Absicht* haben, etwas zu erreichen. Doch gelingt es ihnen auch? Selten, denn sie bewegen sich in die falsche Richtung. Betrachten wir diesen Begriff einmal genauer:

Wer eine „Absicht" hat, sieht von etwas ab

Das heißt, man will etwas nicht sehen und schaut daher weg. Besonders auffällig ist dies bei den Vorsätzen an Neujahr, die auch gerne als „Absichtserklärungen" bezeichnet werden. Ist doch interessant, dass sich viele Menschen zum Jahresbeginn etwas vornehmen und anschließend schnell davon absehen, es auch umzusetzen. Wahrscheinlich waren diese Punkte von Anfang an Muss-Ziele: „Ich müsste mehr Sport treiben/mich gesünder ernähren/weniger arbeiten ...". Oder es handelt sich um „Ach, lieber doch nicht!"-

Ziele. Kaum gesetzt, werden sie innerlich bereits zur Seite gelegt. Gut gemeint, jedoch ohne jegliche Verbindlichkeit.

Sich auf die Zukunft ausrichten

Ersetzen Sie „Absicht" durch einen anderen Begriff, zum Beispiel „Intention". Dieses Wort stammt aus dem Lateinischen und setzt sich aus *in = hinein und tendere = ziehen, strecken, dehnen, auch zielen* zusammen. *„Intention"* drückt besser aus, worum es tatsächlich geht: *sich in etwas hineinstrecken oder -dehnen.* Schon das Wort entfaltet eine andere Kraft als „Absicht". Es signalisiert, dass wir uns strecken und unsere Grenzen ausdehnen müssen, wenn wir etwas anderes als bisher erreichen wollen. Da viele Menschen Schwierigkeiten mit diesem für sie fremden Wort haben, verwende ich alternativ lieber den Begriff „Ausrichtung".

Was bedeuten Intentionen für Ihre Ziele? Sobald Sie Ihr Vorhaben gewählt haben und dazu entschlossen sind, formulieren Sie einen Ausrichtungssatz. Darin benennen Sie den Weg oder das Ergebnis, das Sie sich wirklich wünschen. Nicht was Sie meinen, was getan oder erreicht werden müsste. Denken Sie groß und erwartungsvoll. Mit Ihrer Ausrichtung geben Sie vor, was Sie erreichen und wie Sie dorthin gelangen wollen.

Hier einige Beispiele für Ausrichtungen:

- Meine Einnahmen übersteigen in jedem Monat meine Ausgaben.
- Meine Workshops finden so viel Resonanz, dass ich dafür Wartelisten habe.

- In … [Stadt, in der Sie leben] erlebe ich Zufriedenheit in allen Bereichen meines Lebens.
- Im passenden Moment erhalte ich alle Informationen, die ich für mein Projekt brauche.
- Ich komme sicher, zügig und rechtzeitig/frühzeitig/pünktlich an.

Die verschiedenen Varianten im letzten Beispiel zeigen, wie wichtig es ist, sich zu überlegen, welches Ergebnis Sie tatsächlich erreichen wollen.

Rechtzeitig, frühzeitig oder pünktlich?

Vor einem Seminar möchte ich frühzeitig *ankommen, damit ich noch ausreichend Zeit für die Vorbereitungen habe. Manches Mal lege ich auch den genauen Zeitpunkt fest.*

Bei einem Termin hingegen ist es mir wichtig, rechtzeitig *am Treffpunkt sein. Dies kann auch mal bedeuten, dass ich erst zehn Minuten nach dem vereinbarten Termin ankomme – und sich dies als rechtzeitig erweist. In dem Sinn, dass mein Gesprächspartner genau zu diesem Zeitpunkt für mich da ist und ich nicht warten muss.*

Und manchmal ist es wichtig, pünktlich *zu sein, zum Beispiel bei einer Theateraufführung, bei der es nach Beginn keinen Einlass mehr gibt. Wobei hier auch „rechtzeitig" vollkommen ausreicht.*

Vielleicht wundern Sie sich, dass ich so viel Wert auf genaue Formulierungen lege. Mit Ihrer Intention nehmen Sie das in den Blick, was Sie wirklich erreichen wollen. So, wie Sie es formulieren, werden Sie es erhalten. Schon vor Jahrzehnten haben Wissenschaftler mithilfe der Quantenphysik entdeckt, dass sich unsere Erwartungen auf die Ergebnisse auswirken. Mit Ihren Ausrichtungen setzen Sie gedankliche Erwartungen, die sich auf Ihr Unterbewusstsein und Ihre Ergebnisse auswirken.

Das Unterbewusste ist wie ein kleines Kind

Das Unterbewusstsein lässt sich mit einem kleinen Kind vergleichen, das nicht interpretieren kann, sondern alles wörtlich nimmt, wie es gesagt wird – was nebenbei bemerkt die Komik vieler Kindersprüche ausmacht.

Auch unser Unterbewusstsein weiß nicht, was wir vielleicht gemeint haben könnten, sondern nimmt uns beim Wort. Daher ist es wichtig, dass Sie das genaue Ergebnis und die damit verbundenen Prozesse benennen – so, wie Sie dies wirklich haben wollen.

Ausrichtungssätze haben Ähnlichkeit mit Zielformulierungen und unterscheiden sich doch von ihnen. Auch gut formulierte Ziele beschreiben das Ergebnis = *Ich bin angekommen!* Ausrichtungen hingegen bleiben etwas vage, denn Sie wissen nicht, wie Ihr Wunsch eintreten kann, und vertrauen darauf, dass sich der bestmögliche Weg zeigen wird, wenn es soweit ist – und keinen Moment früher. Daher fehlt Ihnen das bei Zielen wichtige „So geht es dorthin!"

Struktur für Ausrichtungen

Mit den folgenden Schritten gelangen Sie am einfachsten zu passenden und kraftvollen Ausrichtungssätzen:

- **Thema:** Zu welchem Punkt wollen Sie eine Ausrichtung formulieren?

- **Ergebnis:** Was soll am Ende stehen? Achten Sie hier darauf, dass Sie ein Ergebnis festlegen und keine Maßnahmen, um dorthin zu gelangen.
- **Gewünschter Weg:** Was ist Ihr Wunsch an den Weg zum Ergebnis? Hier geht es nicht um Einzelheiten, sondern darum, welche *Qualität* Sie erleben möchten.
- **Formulierung:** Fassen Sie nun Ergebnis und gewünschten Weg in einen vollständigen Satz.

Dazu drei unterschiedliche Bespiele, die Ihnen zeigen, wie diese Schritte zu einer klaren Ausrichtung führen.

Aufgaben dieser Woche leicht erledigen

Thema: alle Aufgaben erledigen, die diese Woche anstehen

Ergebnis: zeitlich genau passend geschafft

Gewünschter Weg: leicht und schnell

Formulierung: Leicht und schnell erledige ich alle Aufgaben dieser Woche. Oder: Die Aufgaben dieser Woche erledige ich zügig und leicht.

Als Nächstes ein Beispiel aus dem Privatleben:

Schöner Urlaub

Thema: im letzten Urlaub waren viele nervige Leute

Ergebnis: ein entspannter Urlaub mit netten Menschen

Gewünschter Weg: keiner – es soll einfach so sein

Formulierung: Wir genießen unseren Urlaub mit freundlichen und aufgeschlossenen Menschen.

Und schließlich noch das Beispiel einer Gründerin:

> ### *Den ersten Kunden gewinnen*
>
> *Thema: bislang noch kein einziger Kunde*
>
> *Ergebnis: meinen ersten Kunden gewinnen*
>
> *Gewünschter Weg: anders als bislang versucht; leicht*
>
> *Formulierung: Mein erster Kunde findet [in der Woche nach Ostern, Pfingsten ... oder die genaue Woche benennen] auf ungewöhnlichem Weg zu mir.*

Fangen Sie mit einfachen Themen an und steigern Sie Ihre Ansprüche und Erwartungen nach und nach. Achten Sie dabei darauf, dass Ihre Formulierung den folgenden Kriterien entspricht:

- **Positive Formulierung**

Ihr Unterbewusstsein sucht sich zu jeder Formulierung die passenden Bilder. Wenn Sie etwas negativ ausdrücken, kann es dazu kein Bild finden und ignoriert deshalb die Verneinung. Das führt dazu, dass Sie erhalten, was Sie *nicht* wollen, oder verstärken, was Sie eigentlich verändern wollen.

- **In der Gegenwartsform**

Formulieren Sie Ihre Ausrichtung so, als wäre das gewünschte Ergebnis bereits eingetreten: *So ist es!* Das führt dazu, dass Sie alles weglassen, was „vielleicht möglicherweise eintreten könnte" oder was Sie dafür tun müssten oder könnten. Besser sind Sätze wie in den Beispielen oben gezeigt: *Ich erledige alle Aufgaben ... Wir genießen unseren Urlaub ... Mein Kunde findet zu mir ...*

- **Kurz und klar**

Vermeiden Sie lange Sätze. Achten Sie darauf, dass Sie sich Ihre Ausrichtungssätze gut merken können und sie klar formuliert sind. Dadurch fällt es Ihnen leichter, diese schnell und bei vielen Gelegenheiten einzusetzen.

Intentionen gehen Ihnen mit der Zeit in Fleisch und Blut über. Regelmäßig genutzt, werden sie zu einem sehr wertvollen Instrument für Ihre Zielerreichung.

Überprüfen Sie Ihre Ausrichtung regelmäßig

Schreiben Sie Ihre Sätze auf. So können Sie jederzeit überprüfen, ob und wie die gewünschten Ergebnisse eingetreten sind. Vergleichen Sie Ihre Formulierungen mit der Wirklichkeit. Auf diese Weise lernen Sie, wie Ihre Ausrichtungen formuliert sein müssen, damit das eintritt, was Sie sich wünschen. Hier gilt – wie in vielen anderen Bereichen auch – das Sprichwort: *Übung macht den Meister*. Der Einsatz von Ausrichtungssätzen ist zunächst ungewohnt und bedarf einer bewussten Übungsphase, damit sie ein fester Bestandteil Ihres Alltags werden.

Ausrichtungen lassen sich für ein ganzes Jahr, für den aktuellen Monat, die gegenwärtige Woche und den einzelnen Tag formulieren. Darüber hinaus können Sie auch für einzelne Abschnitte des Tages eine Intention nutzen. Damit geben Sie jedem Zeitraum eine klare Zielrichtung – wie im Beispiel für die Fahrt zu einem Termin.

Der Leichtigkeit den Weg ebnen

Bei vielen Klienten erlebe ich, dass sie Angst vor ihrer eigenen Schöpferkraft haben. Selbst wenn sie bereits gute Erfahrungen mit Ausrichtungen gemacht haben, fallen sie in alte Gewohnheiten zurück. Sie wollen die Ergebnisse wie auch einzelne Schritte kontrollieren. Doch Kontrolle ist eine Illusion und erfordert einen hohen Energieaufwand. Wenn Sie Ihr Kontrollbedürfnis loslassen, können Sie die dadurch gebundene Aufmerksamkeit für andere Aufgaben nutzen.

Durch unser Denken haben wir es in der Hand, ob Ergebnisse leicht oder schwer entstehen. Das heißt nicht, dass *alles* so wird, wie wir es uns vorstellen. Doch das meiste davon entsteht in einer Weise, die zu Ihrem Vorhaben passt. Dafür müssen Sie darauf vertrauen, dass sich die Dinge positiv und in Ihrem Sinn entwickeln. Nur so entsteht Leichtigkeit.

Richten Sie Ihre Gedanken immer wieder auf Ihr Zukunftsbild aus. Wenn Zweifel auftauchen, geben Sie ihnen einen angemessenen Raum. Wie Sie mit Zweifeln, Ängsten und anderen Hindernisse umgehen und was dabei zu beachten ist, erfahren Sie ab Seite 95.

Mit Intentionen richten Sie Ihre Wünsche auf das beste Ergebnis aus, das Sie sich vorstellen können. Die Schlüsselfrage dafür lautet: *Welches Ergebnis und welchen Weg wünsche ich mir wirklich?*

Verbindliches Engagement: sinnvoll handeln

Viele kennen den englischen Begriff *Commitment*, der griffiger ist als die übliche deutsche Übersetzung „Verbindlichkeit", zumal diese nur ein Teil davon ist. Inzwischen spreche ich lieber von „verbindlichem Engagement", das besser ausdrückt was *Commitment* beinhaltet: Verbindlichkeit plus der stetige Einsatz für Ihr Vorhaben. Das umfasst auch Ihre Bereitschaft zum Handeln, wenn es Zeit dafür ist.

Im Hinblick auf Ihre Ziele heißt dies, dass Sie zunächst darauf achten, was Ihre Handlungsbereitschaft beeinflusst. Dies sind in erster Linie Ihre Gedanken. Sie haben großes Gewicht und entscheiden darüber, ob Sie etwas tun oder sein lassen. Ihre Gedanken lassen Sie am Wert Ihre Intentionen zweifeln. Sie reden Ihnen ein, dass Sie es nicht wert sind, Ihre Vorstellungen zu verwirklichen. Wann immer Sie Ihren begrenzenden Gedanken zu viel Raum geben, gewinnen diese die Oberhand und verhindern, dass die gewünschten Ergebnisse eintreten.

Auf der anderen Seite treiben Gedanken uns auch an. Sie fordern uns auf, endlich in die Gänge zu kommen oder mehr zu tun. Sie weisen uns darauf hin, was noch zu erledigen ist und wie viele Schritte noch vor uns liegen. Durch Ihre Gedanken geraten Sie in Aktionismus, statt zielgerichtet zu handeln und sinnvolle Schritte zu unternehmen.

Die Bereitschaft zum Handeln stärken

Sich mit Ihrem Vorhaben zu verbinden und sich in der Zielsituation zu erleben, stärkt Ihr Vertrauen und lässt vor Ihrem inneren Auge einen Weg entstehen. Was aus diesen Impulsen wird, bestimmen Sie mit Ihrer Bereitschaft, regelmäßig etwas für Ihr Vorhaben zu tun. Nicht um des Handelns willen, sondern in sinnvoller Weise. Doch wie erkennen Sie, wann es Zeit für den nächsten Schritt und welcher sinnvoll ist? Beziehen Sie Ihr Unterbewusstsein ein.

Aufgabe: Handlungsimpulse abrufen

Verbinden Sie sich mit Ihrem Vorhaben, sodass Sie es gut spüren können. Fragen Sie sich dann: Welcher Schritt steht heute dafür an?

Achten Sie auf alle Gedanken und Bilder, die auftauchen – egal, wie sinnvoll sie Ihnen erscheinen. Schreiben Sie alles auf, damit Sie sich später daran erinnern.

Das mag Ihnen zunächst seltsam vorkommen. Doch es funktioniert! Probieren Sie es aus und lassen Sie sich überraschen, welche Hinweise Sie erhalten. Hinterfragen Sie auftauchende Impulse nicht, sondern schreiben Sie diese einfach auf. Nur so erkennen Sie, was wirklich passiert.

Ihre Bereitschaft, beständig etwas für Ihr Vorhaben zu tun und Ihren Impulsen zu folgen, entscheidet sowohl darüber, ob Sie am Ziel ankommen, wie auch, wie leicht der Weg dorthin sein wird.

Ergebnisse entstehen, wenn Sie bereit sind, Impulsen zu folgen und immer wieder verbindlich zu handeln – selbst wenn Sie noch nicht wissen, was der übernächste Schritt sein wird. Dabei unterstützt Sie die Schlüsselfrage: *Was ist mein nächster verbindlicher Schritt?*

„Mach's einfach!" statt „Ich weiß das!"

Häufig beobachte ich ein Verhalten, das den eigenen Erfolg sabotiert und einen leichten Weg verhindert, wie in diesem Beispiel:

Sarah, Teilnehmerin einer Coaching-Gruppe

Nach den ersten Treffen in der Gruppe distanziert sich Sarah immer mehr von den anderen Teilnehmenden. Als ich sie darauf anspreche, höre ich Folgendes: Ich bin so viel weiter als die anderen und der Austausch mit ihnen bringt mir nichts Neues. Schon seit Jahren beschäftige ich mich mit diesen Themen und kenne sie rauf und runter. *Ihre Ergebnisse erzählen allerdings etwas anderes.*

Wie Sarah geht es vielen Menschen. Sie sind vom „Ich weiß das!"-Syndrom befallen. Dies zeigt sich darin, dass sie zwar vieles gehört oder gelesen und sich ausführlich mit Themen und Vorgehensweisen befasst haben. Mit der Umsetzung im Alltag hapert es jedoch. Wissen allein genügt eben nicht, um etwas zu verändern. Erst wenn Sie Ihr Wissen auch umsetzen und neue Vorgehensweisen ausprobieren, erkennen Sie, wie diese tatsächlich funktionieren und was sie bewirken. Das ist nicht immer einfach und ein neues Vorgehen manches Mal herausfordernd. Daher möchte ich Sie an dieser Stelle auffordern: *Mach's einfach!* Mit den folgenden Anregungen kommen Sie in Bewegung.

In Bewegung kommen

- *Lesen Sie die in diesem Kapitel beschriebenen Vorgehensweisen noch einmal. Wählen Sie, welches der vier genannten Werkzeuge Sie innerhalb der nächsten 48 Stunden ausprobieren wollen.*
- *Nehmen Sie sich nur einen einzigen Punkt vor – und setzen Sie ihn täglich um. Mindestens 28 Tage lang. Eine spürbare Veränderung tritt erst ein, wenn Sie ein neues Vorgehen mindestens so lange täglich (!) durchgeführt haben. Wenn Sie gleich damit starten, haben Sie bereits in einem Monat Ergebnisse.*
- *Führen Sie in dieser Zeit Tagebuch. Schreiben Sie auf, was Sie sich vornehmen und welche Erfahrungen Sie damit machen.*
- *Überlegen Sie auch:* Was verspreche ich mir davon? Wie hoch ist der Druck, tatsächlich etwas zu verändern? *Damit steigt Ihre Motivation, am Ball zu bleiben.*
- *Machen Sie gleich den ersten Schritt! Setzen Sie sich einen Termin, bis zu dem Sie begonnen haben wollen, und einen, zu dem Sie überprüfen, was dadurch eingetreten ist. Schauen Sie dabei nicht auf das, was Sie erwarten (und das vielleicht nicht eintritt), sondern achten Sie darauf, was anders ist als zuvor. Damit schärfen Sie Ihre Wahrnehmung und erweitern Ihr Blickfeld.*
- *Verabreden Sie sich mit einer anderen Person und treffen Sie eine Vereinbarung, was Sie ausprobieren und umsetzen wollen. Damit erreichen Sie eine höhere Verbindlich-*

keit und ein stärkeres Engagement in eigener Sache. Wenn Sie damit noch ein „Preisschild" verknüpfen, also einen Preis für Ihr Nichtstun bezahlen, kann der Effekt weiter steigen.

Große Veränderungen lassen sich in kleinen Einheiten leichter verwirklichen. Entscheidend ist der erste Schritt: sich zu entscheiden, alles für das eigene Ziel zu unternehmen. Die Werkzeuge haben Sie hier kennengelernt. Nun heißt es: *Mach's einfach!*

Die nächsten Schritte

Hier noch einmal die Werkzeuge im Überblick:

- Mit Ihrer Entschiedenheit ebnen Sie den Weg.
- Durch Ihre Vorstellungskraft nehmen Sie die gewünschten Ergebnisse vorweg.
- Mit Ausrichtungssätzen gelangen Sie leichter zu Ergebnissen.
- Das verbindliche Engagement für Ihr Vorhaben führt dazu, dass Sie sinnvoll handeln.

Wählen Sie das Werkzeug aus, das Sie am meisten angesprochen hat, und setzen Sie es für Ihr Vorhaben ein. Probieren Sie eine Vorgehensweise für mindestens eine Woche aus und beobachten Sie, was dadurch entsteht: in Ihnen wie auch außen. Nehmen Sie dabei eine erwartungsvolle, neugierige Haltung ein.

Sich dem Fluss anvertrauen

Für viele Menschen ist der Gedanke, dass es leicht sein könnte, an ihr Ziel zu gelangen, erst einmal ungewohnt. Die meisten haben als Kinder gelernt, dass man sich anstrengen und hart arbeiten muss, wenn man etwas erreichen will. Daher tauchen zunächst negative Erinnerungen auf, wenn ich in Vorträgen dieses Thema anspreche.

Während sich ein Teil von Ihnen sehnlichst wünscht, dass es auch anders gehen könnte, sträubt sich ein anderer Teil massiv gegen diese Vorstellung. *Das kann doch nicht sein!* Dann wäre ja vieles, was Sie bislang gelernt haben oder wie Sie vorgegangen sind, falsch gewesen. Das muss erst mal verdaut werden, ehe Sie sich mit dem Gedanken anfreunden können, dass es auch anders sein könnte.

> Das Bedürfnis, die Kontrolle zu behalten, ist ein wichtiger Faktor, der es schwer macht, sich auf mehr Leichtigkeit einzulassen. **!**

Gerade weil wir in vielen Bereichen ein hohes Maß an Unsicherheit erleben, ist das Bedürfnis groß, wenigstens in einem Bereich die Dinge in der Hand zu haben. Bei den eigenen Zielen erscheint dies möglich – selbst wenn der Weg lang und hart sein mag. Damit rechnet man und stellt sich darauf ein. Und das sollen Sie jetzt ändern, sich dem Fluss des Lebens anvertrauen und sich treiben lassen?!

Ja! Probieren Sie es zumindest aus. Erleben Sie, wie es ist. Mit jedem Schritt und jeder weiteren Erfahrung fällt es leichter. Bis Sie verinnerlicht haben: *Das geht tatsächlich – und schneller ist es auch noch!*

An den Erfolg glauben

Ausgangspunkt für eine Veränderung Ihres gewohnten Wegs sind Ihre bisherigen Erfolge. Diese unterstützen Sie darin, auch jetzt daran zu glauben, dass Sie Ihr Vorhaben verwirklichen können. Nun höre ich von manchen Menschen: *Ich hatte in meinem Leben keine Erfolge. Alles lief einfach so dahin.* Das glaube ich nicht, sind Erfolge doch eine Frage des Blickwinkels.

Sie lesen dieses Buch, und das ist ein erster kleiner Beweis dafür, dass es in Ihrem Leben schon einige Erfolge gegeben hat: Sie haben lesen gelernt – keine Selbstverständlichkeit, wie mehr als sieben Millionen Analphabeten in unserem Land beweisen. Sie haben wahrscheinlich die Schule und mindestens eine Ausbildung beendet. Sie haben Reisen unternommen und diese vorbereitet. Sie haben in Ihrem Leben schon einiges verändert – auch dies lässt sich auf dem Erfolgskonto verbuchen. Es kommt nicht darauf an, dass Sie auf das Ergebnis stolz sind, sondern dass Sie sich bewusst machen, welche Ergebnisse aufgrund Ihrer Handlungen eingetreten sind. Damit können Sie Verbindungen herstellen zwischen einem Ausgangspunkt – was Sie bewogen hat, etwas zu verändern – und einem Endpunkt, nämlich dem, was durch Ihre Handlungen erfolgt – also ein Erfolg – ist.

Beweise im eigenen Leben finden

Blicken Sie zurück und heben Sie den Schatz, der in Ihren bisherigen Erfahrungen steckt. Und wie das mit einer Schatzsuche so ist, kann dies etwas dauern. Das trifft vor allem dann zu, wenn Sie bisherige Veränderungen als etwas betrachten, das Ihnen passiert ist und worauf Sie keinen Einfluss hatten. Doch auch darin stecken mehr Schätze als Sie zunächst vermuten. Holen Sie diese an die Oberfläche.

Aufgabe: Auf Spurensuche gehen

Wandern Sie gedanklich durch Ihr Leben und suchen Sie nach bisherigen Erfolgen. Unter Erfolg können Sie alles verbuchen, was Sie angefangen und zu Ende gebracht haben, egal ob es Ihnen Freude bereitet hat oder nicht. Denken Sie dabei auch an

- *Schule, Ausbildungen und Fortbildungen – ob mit Prüfung oder ohne,*
- *Niederlagen, aus denen Sie gestärkt hervorgegangen sind,*
- *Aktivitäten, die Sie aus eigenem Antrieb unternommen und bei denen Sie etwas gelernt haben.*

Was hat Sie angespornt oder bei der Stange gehalten, um das Begonnene auch zu Ende zu bringen? Welche Gedanken haben Sie unterstützt?

Zum Beispiel Sätze wie diese: Wenn ich mir etwas in den Kopf setze, erreiche ich es auch … Ich lasse nicht locker, bis ich etwas geschafft habe … Wenn ich weiß, was ich will, hält mich nichts mehr davon ab …

Es sind solche Bestärkungssätze, nach denen Sie fahnden. Meist ist uns überhaupt nicht bewusst, welches Potenzial in diesen Gedanken, auch „Überzeugungen" genannt, steckt. Mit Ihrer Spurensuche erkennen Sie diese und können sie bewusst nutzen. Wenn es auf Ihrem Weg nicht so läuft, wie Sie es sich vorstellen, wenn Hindernisse auftauchen oder Sie keine Idee haben, wie es weitergeht, helfen Ihnen diese Sätze, bei der Stange zu bleiben.

Anregungen durch Vorbilder

Ein zweiter Faktor, um im Fluss zu bleiben, sind Vorbilder: Menschen, die bereits erreicht haben, was wir uns noch nicht vorstellen können. Suchen Sie immer wieder nach Anregungen, die Sie in dem Glauben bestärken, dass Sie Ihr Vorhaben erreichen können. Negativbeispiele erhalten Sie ohnehin ständig aus den Medien und von Ihrem Umfeld. Die hindern Sie jedoch daran, Ihren eigenen Weg zu finden und diesen mutig zu gehen.

Im Gegensatz dazu beweisen Vorbilder, dass es Möglichkeiten gibt, die eigenen Träume zu verwirklichen. Sie zeigen uns, dass Herausforderungen dazugehören und wir daran wachsen können. Sie geben uns Beispiele für unser eigenes Handeln und motivieren uns, dranzubleiben und unseren Vorstellungen zu folgen. Dafür eignen sich sowohl Prominente wie auch ganz normale Menschen, deren Geschichte Sie miterlebt haben. Genauso gut kann es eine Romanfigur sein oder eine historische Persönlichkeit, über die Sie etwas gelesen haben. Von allen können Sie lernen, wie sie ihren Weg gefunden und stetig weiterverfolgt haben. Von ihnen erfahren Sie auch, welchen Hindernissen sie begegnet sind und wie sie diese überwunden haben. Und Sie erkennen, dass Widerstände uns stärken und dazu führen, neue Wege zu entdecken und den eigenen Willen zu festigen.

Das heißt nicht, dass Sie es genauso machen müssen wie Ihre Vorbilder. Damit wären Sie nur eine schlechte Kopie. Wichtiger ist, daraus Anregungen für Ihr eigenes Vorgehen, Ihre Willenskraft und Umsetzungsstärke abzuleiten. Den Weg müssen Sie dennoch allein gehen. Doch die Erfahrungen anderer zeigen Ihnen, dass und wie es auch für Sie möglich wird, Ihre Ziele zu erreichen.

Sich führen lassen

Das Bedürfnis nach Kontrolle ist eines der größten Hemmnisse, wenn Sie leicht zum Ziel gelangen wollen. Damit bleiben Sie im gewohnten Raster und nutzen das immer gleiche, weil bekannte Vorgehen. Doch vielleicht gibt es für Sie einen Weg, der einfacher, effektiver und damit auch schneller wäre? Da Sie ihn noch nicht kennen, können Sie ihn auch nicht gehen.

Also brauchen Sie einen Ratgeber oder eine Instanz, der Sie vertrauen können, die Zugang zu allen Informationen hat, die Ihnen dabei helfen, einen anderen Weg zu gehen. Wie finden Sie diesen Ratgeber?

Eines ist sicher: Es ist nicht Ihr Verstand. Er kann nur auf das zurückgreifen, was Sie bereits erlebt, verarbeitet und im Gehirn abgespeichert haben. Dort landet nur ein kleiner Teil der abertausend Informationen eines einzelnen Tages. Zuvor durchlaufen diese eine Schleuse, in der sie aufgrund der bisherigen Erfahrungen gefiltert und als wichtig oder unwichtig eingestuft werden. Damit steht Ihnen nur ein sehr kleiner Teil dessen zur Verfügung, was für Ihre Ziele und einen leichten Weg dorthin wichtig ist.

Die entscheidenden Hinweise erhalten Sie von einer anderen Ebene: aus dem kollektiven Bewusstsein. Hier sind alle Informationen vorhanden, die wir brauchen, um unsere Träume zu verwirklichen und Ziele leicht zu erreichen. Die Verbindung dorthin erhalten wir durch unseren inneren Ratgeber – auch „Intuition" genannt –, der aus diesem Wissen schöpfen kann und es uns zur Verfügung stellt. Machen Sie es wie alle wirklich erfolgreichen Menschen und lassen Sie sich von diesem Ratgeber führen.

Dem inneren Ratgeber vertrauen

Früher hat man vor Entscheidungen alle verfügbaren Informationen gesammelt, sie gegeneinander abgewogen oder Pro-und-Kontra-Listen geschrieben. Heute recherchiert man im Internet, bis der Kopf raucht, und ist am Ende doch nicht schlauer. Da hilft der innere Ratgeber, der uns darin unterstützt, zur Situation passende Entscheidungen zu treffen. Wenn wir auf seine Hinweise hören, steuert er uns sanft und beständig auf dem besten Weg zu unserem Ziel.

Jeder Mensch hat einen inneren Ratgeber. Allerdings kann der Zugang dazu verschüttet sein. Öffnen Sie die Tür wieder.

Übung: Dem inneren Ratgeber auf der Spur

Achten Sie in den nächsten Tagen bewusst auf die kleinen, oft nur kurzen Impulse, die auftauchen, wenn Sie einen Ausrichtungssatz formuliert haben. Wie nehmen Sie diese wahr? Ist es ein Gefühl? Oder haben Sie einen immer wiederkehrenden Gedanken? Hören Sie eine innere Stimme? Oder wissen Sie einfach, was zu tun ist – auch wenn Sie es sich nicht erklären können?

Schreiben Sie diese Impulse auf. Sie zeigen sich als Ideen, Sätze oder auch in Form von Handlungsaufforderungen, wie z. B. dem Gedanken Ruf XY an!

Folgen Sie diesen Hinweisen und überprüfen Sie, welche Ergebnisse dadurch entstehen.

Ihr Ratgeber macht sich auf verschiedene Weise bemerkbar. Er kann mit Ihnen sprechen, Bilder liefern oder durch Gefühle Impulse geben. Manchmal liefert er Informationen auf allen Kanälen, um Ihre Aufmerksamkeit zu gewinnen. Zu Beginn bedarf es einiger Achtsamkeit, um seine Hinweise von den gewohnten Gedanken zu unterscheiden. Vertrauen Sie darauf, dass Impulse wiederkehren, wenn Sie diese nicht gleich erkennen. Oder bitten Sie darum, dass Sie Informationen in einer Weise erhalten, die Sie auch verstehen.

Für den Kontakt mit Ihrem inneren Ratgeber müssen Sie die Kontrolle loslassen und die Impulse annehmen, anstatt zu hinterfragen, ob sie richtig sind, etwas bringen oder was dabei herauskommt. Folgen Sie Ihren Impulsen für einige Wochen und schreiben Sie auf, was dadurch geschieht. Sie werden feststellen, dass im Laufe der Zeit ein sich positiv verstärkender Kreislauf entsteht: auf Impulse achten – dem Ratgeber folgen – Vertrauen gewinnen – weitere Impulse erhalten.

„Gleich-gültig" werden

Bis hierher haben Sie bereits wichtige Schritte gemacht: Sie haben sich ein Ziel gesetzt, dafür einen Namen und ein Symbol gefunden. Sie haben erfahren, wie Sie sich immer wieder mit Ihrem Ziel verbinden und es damit in Erinnerung halten. Aus diesen Schritten entsteht nach und nach eine emotionale Verbindung zu Ihrem Vorhaben, aus der Sie Kraft und Mut zum Handeln gewinnen. Doch diese enge Verbundenheit birgt auch eine Gefahr: Sie sind nicht mehr gleich-gültig in dem Sinn, dass jede Möglichkeit gleichermaßen gültig ist – und verlieren damit die Unbeschwertheit, mit der Sie *leicht* ans Ziel gelangen.

Das *Wie* vermeiden

Den ersten Stolperstein kennen Sie wahrscheinlich sehr gut: Je stärker Sie etwas wollen, desto schneller taucht die Frage auf: *Wie kann es gehen?* Grundsätzlich ist diese Frage berechtigt und an manchen Stellen führt sie auch weiter. Zu früh gestellt, bringt sie jedoch schnell das Aus für Ihr Vorhaben. Aus zwei Gründen:

- Sie fangen an, den Weg zum Ziel zu planen, und legen einzelne Schritte fest. Dies ist die am häufigsten verwendete Vorgehensweise und der klassische Weg. Diese Pläne sind nur eine Wiederholung erprobter Vorgehensweisen. Sie zeigen selten den besten oder gar leichtesten Weg, um zu Ergebnissen zu gelangen. Statt sich weiter mit dem Gesamtbild zu befassen und Ihren inneren Ratgeber einzubeziehen, widmen Sie sich den Einzelheiten. Damit geraten Sie leicht in blinden Aktionismus. Ganz nach dem Motto *Hauptsache aktiv!*

- Sie beginnen, an Ihrem Vorhaben zu zweifeln, vor allem, wenn es größer oder anders ist als Ihre bisherigen Ziele. Zu Beginn haben Sie noch keine Idee, wie es sich umsetzen lässt. Damit sind Zweifeln Tür und Tor geöffnet. Mit der Frage nach dem *Wie* werden diese zusätzlich gefüttert. Bereits beim ersten Hindernis geraten Sie ins Schwanken. Viele sehen darin ein Zeichen, dass es das falsche Ziel ist oder sie es nicht schaffen werden. Oft gesellen sich dazu aus dem Umfeld noch – meist harmlos gemeinte – Fragen wie diese: *Hast du dir das gründlich überlegt?* Oder: *Wie willst du das denn machen?* In solchen Situationen braucht es einen sehr festen Glauben an das eigene Ziel, um weiter dranzubleiben und nicht aufzugeben.

Wenn Sie sich bei Überlegungen zum *Wie* erwischen, sagen Sie sich: *Das* Wie *entsteht beim Gehen!* Stellen Sie sich gleich anschließend die Frage: *Was genau will ich erreichen?* Damit steigen Sie aus der drohenden Negativspirale aus und richten sich wieder auf Ihr Vorhaben aus.

Emotionale Anhaftung loslassen

Aus der intensiven Beschäftigung mit dem eigenen Vorhaben entsteht fast zwangsläufig eine enge emotionale Verbundenheit damit. Wir wollen es so sehr und sind bereit, alles dafür zu tun. Das ist zunächst sehr positiv; doch damit sinkt die Wahrscheinlichkeit, leicht ans Ziel zu kommen. Sie sind so sehr mit Ihrem Ziel und den Möglichkeiten beschäftigt, wie Sie dorthin gelangen, dass Sie auftauchende Chancen nicht erkennen oder diese als unpassend verwerfen. Sie stehen sich selbst im Weg und machen sich das Leben schwerer, als es sein müsste.

Die Erschwernis entsteht dadurch, dass Sie emotional zu stark mit Ihrem Vorhaben verbunden sind. Sie kleben regelrecht an Ihrer Vorstellung, wie das Ergebnis auszusehen hat und auf welche Weise Sie dorthin gelangen. Sie haben einen Tunnelblick und filtern alle Möglichkeiten danach, ob Sie zu Ihren Vorstellungen passen oder nicht. Selbst wenn Chancen auf dem Silbertablett daherkämen, würden Sie diese nicht annehmen und sie als wenig zielführend ablehnen.

Erst wenn Sie Ihre Anhaftung loslassen, öffnen sich neue Wege, die Sie schneller und einfacher ans Ziel bringen, wie dieses persönliche Beispiel zeigt:

An einem Wochenende zum neuen Auftritt

Schon längere Zeit hatte ich gespürt, dass mein unternehmerischer Auftritt nicht mehr stimmte. Im Frühjahr sprach ich mit meiner Webgestalterin darüber und vereinbarte mit ihr, dass sie zunächst eine Zwischenlösung erstellt, die sich später leicht anpassen ließe. Da ich noch mit anderen Projekten befasst war, verzögerten sich meine weiteren Schritte. Ein Ziel hatte ich mir gesetzt: Anfang Oktober ist mein neuer Auftritt online.

Ich holte Angebote für die grafische Gestaltung ein – und konnte mich für keines entscheiden. Also legte ich die Angelegenheit wieder zur Seite. Inzwischen hatte ich alle Erwartungen an das Ergebnis und den Weg dorthin losgelassen und vertraute darauf, dass sich eine gute Lösung ergeben würde. Zehn Tage vor dem ins Auge gefassten

Termin entschied ich, mit der Zwischenlösung online zu gehen.

Im vorbereitenden Gespräch ergab sich eine Möglichkeit, die ich bis dahin nicht in Erwägung gezogen hatte: Meine Webgestalterin schlug vor, einen Entwurf für die von mir gewünschte visuelle Gestaltung zu machen, damit ich eine Vorstellung davon bekäme. Am gleichen Nachmittag hatte ich ihren Entwurf und war begeistert. Am Wochenende setzten wir Hand in Hand alle weiteren Schritte um. Am Montagabend war alles fertig. Sowohl Webseite wie auch Blog bekamen eine neue Optik, die genau dem entspricht, was ich mir gewünscht hatte.

Es gibt viele Möglichkeiten, die emotionale Anhaftung an das Ergebnis loszulassen. Besonders gute Erfahrungen habe ich mit der Sedona-Methode gemacht. Eine Beschreibung und weitere Informationen dazu finden Sie im Mutmacher-Magazin.[3]

Lernen Sie alles über Ihr Vorhaben

Das klingt für Sie vielleicht wie ein Widerspruch zum letzten Punkt, ist es jedoch nicht. Je mehr Sie über Ihr Vorhaben wissen, desto leichter fällt die Umsetzung. Sie erweitern Ihre Wahrnehmung und entdecken Möglichkeiten, die Sie zuvor noch nicht kannten. Sie sprechen mit Menschen über Ihr Vorhaben und lernen dadurch weitere Aspekte kennen.

---

[3] http://www.mutmacher-magazin.de – verwenden Sie dafür die Suchfunktion oder lesen Sie die Beiträge in der Kategorie „Mut-Werkzeuge".

Recherchieren

Finden Sie heraus, wie Ihre Vorbilder vorgegangen sind. Wie sind sie auf ihre Idee gekommen? Was haben sie gemacht? Wer hat ihnen geholfen? Welche Werkzeuge haben sie genutzt? Besonders in Blogs finden Sie viele Erfahrungsberichte, in denen Menschen beschreiben, wie es ihnen gelungen ist, bestimmte Ziele zu verwirklichen.

Da wir uns beim Surfen im Internet leicht in der Vielfalt der Informationen verlieren können, begrenzen Sie die Zeit, die Sie einsetzen wollen, und stellen Sie sich einen Wecker. Setzen Sie sich zu Beginn eine Intention, mit der Sie Ihre Recherche steuern. Hier einige Anregungen: *Ich finde eine Anleitung für … Ich entdecke neue Möglichkeiten, wie … Meine Recherche bringt mir neue Erkenntnisse/Motivation/ Kontakte …*

Sammeln Sie alles, was Ihnen über den Weg läuft – auch wenn Sie manches erst zu einem späteren Zeitpunkt oder nie brauchen.

Ideenfindung

An manchen Stellen ist ein Brainstorming, also eine kreative Ideenfindung, hilfreich, z. B. wenn Sie herausfinden möchten, welche grundsätzlichen Schritte und Wege zu Ihrem Ziel führen. Vielleicht brauchen Sie auch Ideen für Ihr Vorhaben insgesamt oder für die nächsten Schritte. Oder Sie stehen vor einem Problem, für das Sie Lösungswege suchen. Ein Brainstorming können Sie klassisch in einer Gruppe mit drei bis vier Personen machen oder auch allein.

Wählen Sie neben Menschen, die Ihr Vorhaben bereits gut kennen, auch solche, denen die Materie unbekannt ist. Auf diese Weise erhalten Sie sowohl eine neutrale Sicht auf Ihr Ziel wie auch überraschende Anregungen, da diese Menschen damit nicht vertraut sind und es deshalb anders sehen.

Die Aufgabenstellung für die Ideenfindung sollte so einfach und doch so speziell wie möglich sein. Je klarer Sie die Aufgabe formulieren, desto vielfältiger und besser sind die Resultate. Definieren Sie das Thema in neutraler, eindeutiger Form und ohne Antworten vorwegzunehmen.

Auch wenn Brainstorming in erster Linie eine Gruppenmethode ist, lässt sich eine Ideenfindung auch allein durchführen. Dazu einige Anregungen:

Übung: Allein neue Ideen finden

Versetzen Sie sich in eine andere Identität. Überlegen Sie, wie diese Person Ihr Problem lösen würde oder – wenn es sich um eine historische Figur handelt – gelöst hätte. Mögliche Identitäten sind: ein Steinzeitmensch, ein Astronaut, eine Person des anderen Geschlechts, bekannte Persönlichkeiten wie Albert Einstein, George Clooney, der Dalai Lama oder Bundeskanzlerin Angela Merkel.

Betrachten Sie Ihr Problem auch aus der Sicht eines anderen Lebensraums. Wie würde es am Nordpol gesehen? In der Südsee? Auf dem Mond?

Ziehen Sie eine andere Epoche heran. Wie stellt sich die Situation dar, wenn Sie diese in die Zeit der Antike versetzen? In die Renaissance? Ins Jahr 2050?

Den nächsten Schritt erkennen

Solange Sie die Kontrolle über Route und Vorgehensweise behalten wollen, besteht die Gefahr, dass Sie unüberlegt handeln und Ergebnisse erzwingen wollen. Das funktioniert selten und führt schnell zu Frustration und Zweifeln. Sobald Sie Ihrem Ziel gegenüber eine neutrale Erwartungshaltung eingenommen haben, also gleich/gültig geworden sind, können Sie zielgerichtet handeln. Das schließt ein, dass Sie auch mal nichts tun und auf den nächsten Impuls warten.

Wie erkennen Sie, ob es Zeit zum Handeln ist und welche Schritte anstehen? Indem Sie regelmäßig innehalten, sich mit Ihren Ziel verbinden und zum nächsten Schritt leiten lassen. Mit dem folgenden Vorgehen lassen sich auch geplante Schritte noch einmal überprüfen:

Ritual: Den nächsten Schritt erkennen

Gehen Sie einmal am Tag für etwa 15 Minuten in sich. Atmen Sie einige Male tief durch und entspannen Sie sich bei jedem Atemzug. Formulieren Sie eine Ausrichtung. Zum Beispiel: Ich erkenne den nächsten Schritt. *Oder:* Der nächste Schritt zeigt sich mir … (leicht/schnell/deutlich).

Treten Sie in Kontakt mit Ihrem Vorhaben und versetzen Sie sich in die gewünschte Zielsituation. Stellen Sie die Frage: Was ist (heute) der nächste Schritt?

Achten Sie auf alle Impulse und zensieren Sie nichts. Schreiben Sie alles auf, was auftaucht – und seien Sie bereit, diesen Impulsen zu folgen.

Bereits geplante Schritte können Sie mit der Frage überprüfen: Ist dies der richtige nächste Schritt? *Je besser Sie mit Ihrem inneren Ratgeber verbunden sind, desto klarer nehmen Sie die Antworten wahr.*

Regelmäßig eingesetzt, wird dieses Innehalten zu einem wertvollen Ritual, durch das Sie immer schneller und klarer Hinweise für Ihre nächsten Schritte bekommen. Schließlich werden Sie auch im Tagesverlauf in allen wichtigen Situationen Fragen dazu stellen, wie z. B.: *Was ist jetzt wichtig?* Oder: *Worauf sollte ich achten?* Mit der Zeit erkennen Sie, wie gut Sie mit Ihrem inneren Ratgeber verbunden sind, und nutzen seine hilfreichen Hinweise.

Die nächsten Schritte

- Nutzen Sie die genannten Schritte und stärken Sie damit Ihr Vertrauen – in sich selbst, in Ihren inneren Ratgeber und in die weitere Unterstützung für Ihren Weg.
- Notieren Sie Ihre Ergebnisse und Erkenntnisse und erkennen Sie, was wie wirkt. Das gibt Ihnen Sicherheit für Ihre weiteren Schritte.

Mit Unterstützung schneller voran

Als im Fernsehen noch Zigarettenwerbung erlaubt war, gab es ihn: den Marlboro Man. Den einsamen Reiter, der mit seiner Rinderherde allen Gefahren heroisch begegnete und sie meisterte. Er steht als Symbol für Einzelkämpfer, die glauben, dass sie niemanden brauchen und ihre Ziele am besten allein erreichen. Das mag zutreffen. Tatsache ist allerdings, dass es mit Unterstützung durch andere sehr viel schneller geht. Das wissen alle erfolgreichen Menschen.

> *Andrew Carnegie, amerikanischer Stahl-Baron*
>
> *Der überaus erfolgreiche Unternehmer ist ein exzellentes Beispiel dafür, was mit gegenseitiger Unterstützung zu erreichen ist. Von ihm wissen wir, dass er sich wöchentlich in einer Mastermind-Gruppe mit anderen Unternehmern traf. Nach immer gleicher Struktur bestärkten sie sich darin, anspruchsvolle Vorhaben umzusetzen und ihre unternehmerischen Visionen zu verwirklichen.*

Auch wenn Ihr Ziel einige Nummern kleiner ist, nehmen Sie Andrew Carnegie als Vorbild. Suchen Sie sich Menschen, die Sie auf Ihrem persönlichen Weg unterstützen – und für die Sie das Gleiche tun.

Was Unterstützung bewirkt

Was wären wir ohne eine motivierende Begleitung, die an unserer Seite ist, wenn uns der Mut verlässt? Von diesen Menschen erhalten wir Zuspruch und Bestärkung für unsere Träume, Visionen und Ziele. Mit ihnen gelingt uns auch scheinbar Unmögliches, denn sie bestärken uns in unseren Vorstellungen und halten es aus, wenn wir vor Begeisterung übersprudeln. Sie ermutigen uns, weiterzumachen und ungewohntes Gebiet zu betreten, damit wir unseren Träumen näher kommen. Sie fordern uns auf, unsere selbst festgelegten Grenzen zu erkennen, und helfen uns, diese zu hinterfragen und zu überschreiten. Sie zeigen uns Pfade auf, wenn wir uns im Gestrüpp unserer Gedanken verlaufen haben und nicht weiter wissen. Mit ihrer Unterstützung wagen wir Schritte, die zuvor zu groß und nicht machbar erschienen. Und sie fordern uns heraus, kleine, konkrete Schritte zu unternehmen, treffen mit uns Vereinbarungen dazu und achten darauf, dass wir diese auch einhalten.

All dies ist möglich – wenn Sie Ihre Wegbegleitung gut auswählen. Überprüfen Sie sich selbst, ob Sie für andere ebenfalls eine Quelle der Inspiration, Motivation und Bestärkung sind.

Die drei Ebenen der Unterstützung

Neben der Begleitung und Motivation durch andere Menschen ist es wichtig, auch in sich selbst Bestärkung zu finden. Denn nicht immer steht jemand parat, wenn Sie Hilfe brauchen. Darüber hinaus können Sie diese auch vom Universum erbitten.

Ebene 1: Unterstützung in sich selbst finden

Was befähigt Sie, guten Mutes zu bleiben, auch wenn die Dinge nicht so laufen, wie Sie es sich vorstellen? In solchen Momenten ist entscheidend, ob Sie Zugang zu etwas haben, das Sie stärkt. Das sind einerseits Ihre Gedanken. Diese haben einen enormen Einfluss darauf, wie Sie schwierige Situationen meistern, mit Niederlagen umgehen und zuversichtlich bleiben. Eine weitere Stärkung erleben Sie, wenn Sie einen inneren Kraftort haben, an den Sie immer wieder gehen können. Das ist ein Ort in der Natur oder in einem Haus, an den Sie sich gedanklich zurückziehen, um Kraft zu tanken.

Übung: Ihren persönlichen Kraftort gestalten

- *Finden Sie einen Ort, an dem Sie sich rundum wohlfühlen und gerne sind (Kraftort). Nehmen Sie diesen Ort in allen Einzelheiten wahr (sehen, hören, fühlen).*
- *Was gibt es dort, wo Sie sich tatsächlich befinden, zu sehen? Begeben Sie sich nun geistig an Ihren Kraftort und sehen Sie, was es dort konkret zu sehen gibt.*
- *Was ist an dem Ort, an dem Sie sich gerade befinden, zu hören? Wechseln Sie an Ihren Kraftort und hören Sie, was es dort zu hören gibt.*
- *Was können Sie an dem Platz, an dem Sie gerade sind, riechen? Gehen Sie nun an Ihren Kraftort und riechen Sie, was es dort zu riechen gibt.*
- *Spüren Sie, wie der Stuhl, auf dem Sie sitzen, Sie trägt und wie Ihre Füße den Boden berühren. Fühlen Sie danach, was es an Ihrem Kraftort zu fühlen gibt.*
- *Lassen Sie in der wohltuenden Atmosphäre Ihres Kraftor-*

tes Ihren Atem auf- und absteigen und erleben Sie dies als einen Vorgang von Festhalten und Loslassen.

- *Stellen Sie sich vor, wie Sie beim Einatmen den Luftstrom durch Ihre Wirbelsäule aufsteigen lassen und wie dieser durch Ihre Stirn Ihren Körper wieder verlässt.*
- *Stellen Sie sich zum Schluss vor, wie Energie durch Sie fließt und Sie mit diesem Energiestrom wieder an den Ort zurückkehren, an dem Sie tatsächlich sind, und wie Sie kraftvoll in Ihren nächsten Tagesabschnitt gehen.*
- *Bevor Sie Ihre Aufmerksamkeit nach außen lenken, stellen Sie sich noch vor, wie sich der Tag in Kontakt mit dieser Energie weiterentwickelt.*

Eine weitere Kraftquelle ist Ihr innerer Ratgeber, den Sie bereits kennengelernt haben. Ihm können Sie sich jederzeit anvertrauen und ihn um Rat und Unterstützung bitten.

Auch mit Ritualen schaffen Sie konstruktive Gewohnheiten, die Ihnen Energie geben und Ihren Weg erleichtern. Das kann das bereits beschriebene Tagesritual sein, in dem Sie sich mit Ihrem Vorhaben verbinden, eine Ausrichtung für den Tag formulieren und sich Impulse für Ihre nächsten Schritte holen. Darüber hinaus gibt es zahlreiche andere Möglichkeiten, die Sie stärken.

Unterstützende Rituale: Beispiele

- *Kochen Sie einen besonderen Tee. Denken Sie beim Trinken daran, was als Nächstes ansteht und wie Sie vorgehen.*
- *Visualisieren Sie täglich zehn Minuten lang, wie es sein wird, wenn Sie Ihr Ziel erreicht haben.*
- *Schaffen Sie sich ein Alter Ego, eine Art kreatives Ich, das*

über alle Eigenschaften verfügt, die Ihnen noch fehlen. Befragen Sie Ihr Alter Ego, wie Sie Herausforderungen meistern können, oder führen Sie mit ihm einen Dialog über Ihre nächsten Schritte.

- *Nehmen Sie wörtlich einen anderen Blickwinkel ein. Legen Sie sich verkehrt herum – mit den Füßen zum Kopfende – auf Ihr Bett. Betrachten Sie die Welt aus dieser anderen Perspektive. Oder gestalten Sie einen eigenen Platz, der nur Ihrem Ziel gewidmet ist.*
- *Gehen Sie an einem festen Tag pro Woche in ein Café. Entwickeln Sie dort Ideen, wie Sie Ihr Vorhaben noch besser erreichen.*
- *Starten Sie tanzend in den Tag. Zum Beispiel mit einer CD, die Musik mit Affirmationen oder aufbauenden Texten verknüpft.*[4]

Ebene 2: Unterstützung durch andere Menschen

So unterschiedlich wie die Menschen sind auch deren Bedürfnisse und Vorlieben. Wo der eine am liebsten allein arbeitet und nur punktuelle Unterstützung sucht, ist für andere ein kontinuierlicher Austausch mit einem hohen Maß an Verbindlichkeit wichtig. Dafür bieten sich Unterstützungsgruppen an, die es auch in Form von Tandems – also Treffen von nur zwei Personen – gibt. Besonders anregend und effektiv sind Gruppen mit vier bis sechs Personen. Unterstützungsgruppen sind unter verschiedenen

---

[4] zum Beispiel „Power – Dynamik aus der Stille" von Prof. Kurt Tepperwein oder die Songs von Gila Antara

Namen zu finden; ihre Vorgehensweise ist meist sehr ähnlich. Hier die wichtigsten Ausprägungen:

- **Erfolgsteam**

Erfolgsteams sind kleine persönliche Netzwerke, in denen sich Menschen gegenseitig darin unterstützen, ihre Ziele zu erreichen und erfolgreicher zu werden. Es gibt sie als von einer Moderatorin begleitete und als selbstorganisierte Gruppen.

- **Mastermind-Gruppe**

Der Begriff „Mastermind"[5] (unter anderem ein Synonym für Gott) deutet darauf hin, dass diese in den USA sehr beliebte Form der Unterstützung ursprünglich eine spirituelle Ausrichtung hatte. Das hat sich inzwischen verwässert. Dennoch geht es in diesen Gruppen immer noch darum, den acht Mastermind-Prinzipien zu folgen, die zu Beginn eines jeden Treffens vorgelesen werden. Eines davon lautet: *Ich diene Gott und den Menschen in einer Weise, die anderen ein nachahmenswertes Beispiel gibt, und richte mich nach der Führung einer höheren Macht.*

Anders als in Erfolgsteams steht hier neben persönlichem Wachstum und Zielerreichung auch die Ausrichtung auf ein „in jeder Hinsicht erfolgreiches und glückliches Leben" im Mittelpunkt.

---

[5] Der Begriff setzt sich zusammen aus *Master* = Meister oder meistern und *Mind* = Geist, Bewusstsein; lässt sich daher auch als „Meister des Bewusstseins" interpretieren.

- Mutmacher-Gruppe

In dieser von mir entwickelten Form verbinden sich Elemente aus den beiden anderen Gruppen. Diese kenne ich sowohl aus der Erfahrung persönlicher Teilnahme als auch durch mehr als 15 Jahre Begleitung von Erfolgsteams, die ich regelmäßig initiiert habe.

Diese Gruppen arbeiten mit den in diesem Buch beschriebenen Elementen des MutmacherPrinzips, die sich auf jede Art von Zielen anwenden lassen. Die Teilnehmenden ermutigen sich gegenseitig, diese Vorgehensweise in ihren Alltag zu integrieren, regelmäßig bedeutsame Schritte zu unternehmen und verbindlich zu handeln.

Ebene 3: Vom Universum Unterstützung erbitten

Schließlich gibt es noch diese dritte Ebene, zu der mehr und mehr Menschen wieder oder einen neuen Zugang finden. Im universellen Bewusstsein ist alles Wissen verfügbar, das wir für unseren persönlichen Weg brauchen. Zugang dazu haben wir einerseits über unseren inneren Ratgeber, der ein idealer Mittler dafür ist. Anderseits dienen auch Meditation und Kontemplation dazu, sich damit zu verbinden und darüber Impulse zu bekommen. Auch bestärkende, sogenannte affirmative Gebete verbinden uns mit der universellen Weisheit und richten unsere Aufmerksamkeit auf das aus, was wir uns wünschen. Mit ihnen bringen wir zum Ausdruck, dass wir darauf vertrauen, dass alles „in seiner Zeit und Form" zu uns kommt – und nehmen dies dankbar an.

Die Unterstützung aus dieser Ebene erfahren wir als Zufall – *das, was uns im richtigen Moment zufällt* –, als Impulse im Innen und von außen oder als klares Wissen, was wir zu tun haben oder was für uns richtig und wichtig ist.

Sie können dies zusätzlich fördern, indem Sie in Ihrem Tagesritual oder in der Verbindung mit Ihrem inneren Ratgeber darum bitten: *Zeige mir die perfekte Lösung.* Fragen Sie ganz konkret nach dem, was Sie brauchen. Meditieren Sie, gehen Sie in sich und achten Sie darauf, welche Bilder, Ideen oder sonstigen Hinweise auftauchen.

Die passende Begleitung finden

Egal, ob Sie Begleitung in einem Tandem oder einer Gruppe suchen: Für die erfolgreiche Zusammenarbeit entscheidend sind die passenden Menschen. Finden Sie zunächst heraus, welche Bedürfnisse und Erwartungen Sie selbst haben und was Ihnen wichtig ist. Seien Sie an diesem Punkt absolut ehrlich mit sich selbst. Ihre – auch unausgesprochenen – Erwartungen bestimmen die Ergebnisse bei der Suche und Auswahl Ihrer künftigen Weggefährten. Nur wenn Sie wissen, was Sie sich wünschen und von Ihren Begleitern erwarten, finden Sie die passenden Menschen.

Beginnen Sie mit Ihrer Suche bei den Menschen in Ihrem Umfeld. Bei ihnen können Sie leichter einschätzen, welche Qualitäten sie in eine Zusammenarbeit einbringen. Wer ist Ihnen so sympathisch, dass Sie sich einen regelmäßigen Austausch vorstellen können? Wer ist zudem zielstrebig, veränderungsbereit und positiv in der Grundhaltung? Sprechen Sie mit diesen Menschen über Ihren Wunsch nach einem kontinuierlichen Austausch und gegenseitiger Unterstützung. Dabei stellt sich schnell heraus, wer tatsächlich Interesse hat und eigene Ziele konsequent verfolgen möchte.

> ***Mein erstes Erfolgsteam in Deutschland***
>
> *Als ich vor bald 20 Jahren mein erstes Team suchte, habe ich mir überlegt, wer mir sympathisch ist, und in Gesprächen darauf geachtet, wie diese Menschen über ihre Wünsche und Ziele sprachen. Wenn sie etwas erreichen wollten, erzählte ich von meinem amerikanischen Erfolgsteam und dass ich mir so etwas wieder wünschte. Einige zeigten sich interessiert, und so legte ich den Termin für ein Kennenlerntreffen fest.*
>
> *Von den zehn Personen, die Interesse gezeigt hatten, erschienen nur zwei. Es waren die beiden Frauen, die von Anfang an von der Idee begeistert waren. Das war immerhin ein Anfang. Nach einem halben Jahr kamen noch drei weitere Teilnehmer hinzu. In dieser Zusammensetzung arbeiteten wir ein Jahr lang sehr erfolgreich miteinander.*

Achten Sie in Ihren Gesprächen darauf, dass auch die folgenden Faktoren zutreffen.

Kriterien für die Auswahl

Sympathie ist nur ein – und nicht einmal das wichtigste – Kriterium für die Auswahl Ihrer Unterstützer. Viel wichtiger sind diese vier Faktoren, da sie mögliche Ergebnisse stärker beeinflussen:

Bereitschaft zur Veränderung

Umgeben Sie sich nur mit Menschen, die wirklich bereit sind, ihr Leben aktiv zu gestalten und Situationen zu verändern, die nicht mehr passen. Überprüfen Sie auch Ihre eigene Einstellung zu Veränderungen, denn mit Ihrer Haltung ziehen Sie genau die Menschen an, die mit Ihnen in Resonanz gehen. Je größer Ihre eigene Willigkeit, desto leichter wird es Ihnen fallen, Menschen zu gewinnen, die ebenfalls Zeit und Energie in ihre eigene Entwicklung investieren und Zufriedenheit, Lebensfreude und Wohlergehen erreichen wollen.

Verbindlichkeit im Handeln

Die Bereitschaft zur Veränderung ist das eine. Doch ohne Verbindlichkeit im Handeln bleibt sie ohne Wirkung. Erst in der Kombination entstehen die Kraft und der Wille, regelmäßig konkrete und verbindliche Schritte in Richtung der eigenen Ziele zu gehen.

Fragen Sie Ihre künftigen Wegbegleiter bereits beim Kennenlernen, wie sie mit widrigen Umständen umgehen: Wie lange bleiben sie dran und was muss passieren, damit sie aufgeben. Überprüfen Sie diesen Punkt auch für sich selbst: Lassen Sie sich durch Hindernisse schnell von Ihren Vorhaben abbringen oder suchen Sie nach Mitteln und Wegen, diese zu überwinden?

Offenheit für Hinweise und neue Ideen

Ein vertrauensvolles Miteinander zeichnet sich dadurch aus, dass sich alle öffnen und auch über Punkte sprechen, die sie als unangenehm oder heikel empfinden. Das ist nur möglich, wenn jeder – zumindest nach und nach – das Visier fallen lässt und darauf verzichtet, den anderen ein vermeintlich perfektes Selbstbild zu präsentieren. Das lässt sich ohnehin nicht aufrechterhalten, denn im Tandem oder in einer Gruppe können Sie Ihre vermeintlichen Schwächen nur kurze Zeit verbergen. Hier lernen Sie sich mit Ihren Vorlieben und Eigenarten sowie Ihren Stärken und Schwächen sehr gut kennen.

Dadurch wird es möglich, sich gegenseitig in einer Weise zu unterstützen, die aus allen das Beste herausholt. Dazu gehört auch, dass wir hören, wie andere uns wahrnehmen, wo sie unsere Stärken sehen, was ihnen auffällt und welche Anregungen sie für unsere Entwicklung haben. Wem es schwerfällt, Ideen und Hinweise anderer anzunehmen – und das ist nicht immer einfach! –, wird auch mit der eigenen Wahrnehmung hinter dem Berg halten und damit den anderen wichtige Hinweise vorenthalten.

Wer hingegen offen ist für Neues, ist meist auch bereit, sich gedanklich in unbekannte Gebiete zu begeben, und kann sich dadurch im wahrsten Sinne des Wortes auf „Unerhörtes" einlassen.

Vertrauen in die Kraft der Gemeinschaft

Mit den richtigen Menschen entsteht eine Umsetzungskraft, die man allein nicht entwickeln kann. Dann ähnelt das Team einem Kraftwerk, das die Energie für Veränderungen und einen hohen Antrieb liefert, um alle Vorhaben voranzubringen. Gemeinsam entsteht ein besonderer Geist, der sich auf alle auswirkt. Dieser lässt Großes entstehen, weil miteinander neue Gedanken gedacht, ausgesprochen und entwickelt werden. Gemeinsam wird Vorhandenes weitergesponnen und es entsteht Ungewöhnliches. Daraus erwachsen neue Möglichkeiten, die allen Beteiligten dienen und jeden auf seinem individuellen Weg voranbringen.

Wann Schweigen angebracht ist

Auch wenn Sie gerade das Loblied auf die Potenziale von gegenseitiger Unterstützung gehört haben, gibt es Situationen, in denen Schweigen angebracht ist. Das ist der Fall, wenn ein Thema für Sie selbst noch zu kostbar ist und Sie spüren, dass jede Form von Kritik Ihr noch junges und empfindliches Gedankenpflänzchen vernichten würde. Auch wenn Sie in Ihrer Gruppe Vertraulichkeit vereinbart haben, sollten Sie nur solche Pläne und Ideen einbringen, bei denen Sie sich wirklich wohlfühlen und die keinen Schaden nehmen, wenn sich doch mal jemand verplappert.

Halten Sie in solchen Fällen kurz inne und fragen Sie sich: *Will ich das wirklich schon erzählen?* Ihr erster Impuls zählt – achten Sie auf ihn, ehe Ihr Verstand Ihnen etwas anderes sagt. Es ist allemal besser, etwas einmal zu spät zu erzählen, als sich hinterher lange zu ärgern.

Eine förderliche Struktur für Ihre Treffen

Wenn Sie Ihr Unterstützungsteam zusammengestellt haben, hilft Ihnen eine klare Struktur, Ihre Zeit effektiv zu nutzen und optimale Ergebnisse zu erreichen. Zwei Aspekte stehen dabei im Vordergrund:

- sich gegenseitig darin zu unterstützen, die persönlichen Vorhaben leicht zu verwirklichen;
- das bisherige Vorgehen zu reflektieren und so anzupassen, dass damit gewünschte Veränderungen eingeleitet und die Ziele erreicht werden.

Die hier vorgestellte Struktur unterstützt Sie darin, diese beiden Punkte umzusetzen und so effizient und reibungslos wie möglich miteinander zu arbeiten. Sie besteht aus drei Teilen:

Anfangsrunde

Starten Sie jedes Treffen – egal ob am Telefon oder in Person – damit, dass alle Mitglieder über ihre Fortschritte und den Stand der Dinge berichten. Die folgenden Fragen dienen als Leitfaden für diese jeweils fünf Minuten dauernde Runde:

- Wie habe ich meine verbindlichen Schritte (siehe unten) erledigt?
- Was habe ich dadurch erreicht?
- Welche Erfahrungen waren damit verbunden?
- Welche Erkenntnisse habe ich gewonnen?

Bereiten Sie sich auf diese Runde vor, dann läuft das Treffen zügig ab.

Unterstützungsphase

Dieser Teil ist das Kernstück Ihrer gemeinsamen Arbeit. Darin holen Sie sich Anregungen und Hilfestellungen aus der Gruppe, um Ihr Vorhaben voranzubringen. Auch hier helfen Ihnen zwei Kernpunkte, um sich vorzubereiten und das bestmögliche Ergebnis zu erzielen.

- Schildern Sie kurz Ihre aktuelle Situation oder stellen Sie ein konkretes Anliegen vor. Formulieren Sie am Ende einen „Auftrag" an die Gruppe, der sich aus dieser Frage ergibt: *Welche Unterstützung brauche und wünsche ich mir für meinen nächsten Schritt?*
- Die übrigen Gruppenmitglieder tragen hierzu nun Ideen, Tipps, Fragen, Impulse, Methoden oder Lösungen bei. Begrenzen Sie diese Runde bei fünf oder sechs Mitgliedern auf 15 Minuten pro Person; bei bis zu vier Teilnehmenden können es auch 20 Minuten sein. Dieser Zeitrahmen wird durch einen Zeitnehmer überwacht.

Auch hier ist die Effizienz am höchsten, wenn Sie bereits mit einem konkreten Anliegen zum Treffen kommen.

Verbindlicher nächster Schritt

Zum Abschluss des Treffens legen alle mindestens einen konkreten Schritt fest, den sie bis zum nächsten Mal verbindlich umsetzen. Ohne Wenn und Aber. Dies kann ein Punkt aus der Unterstützungsphase sein oder etwas anderes, das wichtiger ist.

Um zu prüfen, wie hoch Ihre Verbindlichkeit für den versprochenen Schritt tatsächlich ist, stellen Sie sich folgende Frage: *Wie entschieden bin ich?* Bei weniger als 100 % wählen Sie einen anderen Schritt, für den Sie dieses hohe Maß an Verbindlichkeit zu geben bereit sind.

Je verbindlicher Sie Ihre Versprechen umsetzen, desto besser und schneller erzielen Sie Ergebnisse mithilfe Ihres Teams.

Verständigen Sie sich darauf, was geschieht, wenn Sie Vereinbartes nicht umsetzen. Dies könnte ein finanzieller Beitrag sein, der in ein gemeinsames Sparschwein kommt. Häufig zeigen nicht erledigte Aufgaben auf, dass mit dem Teilvorhaben oder dem damit verbundenen Thema etwas nicht stimmt. Das ist der Fall, wenn es sich um eine Aufgabe handeln, die in der vereinbarten Zeit nicht zu erledigen ist, wie etwa „Ich bin mit meinen Akten auf dem Laufenden". Oder das Thema ist im Kopf entstanden und damit einhergehende Gefühle wurden nicht berücksichtigt.

Die nächsten Schritte

- Finden Sie mindestens eine Person, mit der Sie sich über einen Zeitraum von zunächst drei Monaten zur gegenseitigen Unterstützung verabreden. Am Ende dieser Zeit entscheiden Sie, ob und wie Sie weitermachen.
- Seien Sie verbindlich in Ihrem Handeln. Lassen Sie keine Ausreden gelten – weder bei sich selbst noch bei den anderen Mitgliedern Ihres Teams. Hinterfragen Sie vorgebrachte Begründungen, die Sie oder andere daran hindern, verbindlich zu handeln.
- Beobachten Sie, was sich durch die gemeinsame Arbeit verändert. Achten Sie besonders auf überraschende Ergebnisse, Veränderungen in Ihrem Energieniveau und auf Rückmeldungen aus Ihrem Umfeld.

Immer wieder Leichtigkeit

Uns allen ist Leichtigkeit in die Wiege gelegt. Während manche Menschen ihr Leben lang damit verbunden bleiben, verlieren andere den Zugang und müssen ihn erst wieder finden. Erinnern Sie sich zurück an Ihre Kindheit und wie leicht es war, sich in andere Welten zu begeben. Wir stellten uns vor, wie es dort aussieht, erlebten selbst ausgedachte oder nachgespielte Abenteuer und waren in der Lage, alle Herausforderungen kinderleicht zu bewältigen. Zumindest in unserer Fantasie.

Diese Leichtigkeit geht uns im Laufe der Jahre verloren und damit auch der Zugang dazu, wie wir Wünsche leicht verwirklichen. Die gute Nachricht lautet: Wir können diesen Zugang wiederfinden. Das ist zwar leichter gesagt als getan, jedoch nicht unmöglich. Die Anregungen in diesem Kapitel unterstützen Sie dabei.

Leichtigkeit ist eine Wahl

Sie wählen den ganzen Tag lang – und handeln die meiste Zeit wie auf Autopilot. Sie wählen, den immer gleichen Weg zur Arbeit zu nehmen. Sie wählen, Ihre Aufgaben auf die immer gleiche Weise zu erledigen. Sie wählen in 90 % der Zeit, die immer gleichen Gedanken zu denken. Auch wenn es Ihnen nicht bewusst ist, wählen Sie, dieses oder jenes zu tun und dafür etwas anderes zu lassen. Und gelangen damit zu den immer gleichen Ergebnissen.

Solange diese für Sie passen, ist alles in Ordnung. Doch wenn Sie mit den Resultaten nicht (mehr) zufrieden sind oder der Weg dorthin zu anstrengend ist, brauchen Sie eine andere Strategie. Damit Sie diese entwickeln und nach und nach umsetzen können, ist es wichtig zu wissen, wie Sie gewohnheitsmäßig handeln und womit Sie sich das Leben schwer machen. Finden Sie heraus, was Leichtigkeit für Sie bedeutet und wie diese entsteht.

Was heißt eigentlich „Leichtigkeit"?

Für jeden Menschen bedeutet „Leichtigkeit" etwas anderes. Das zeigen auch die Antworten, die ich auf die Frage *Was verbinden Sie mit Leichtigkeit?* erhalten habe:

- Wenn Gedanken und Antworten wie von allein kommen.
- Das Gegenteil von Schwere.
- Dass etwas ohne Mühe gelingt.
- Die permanenten Sorgen und Ängste auch mal ausschalten zu können.
- Es gibt nichts zu tun, nur zu sein!
- Mich auf das Ziel zu konzentrieren, statt auf das Gedankenkarussell im Kopf.
- Mit freiem Kopf und ganzem Herzen in der Gegenwart zu sein.

Sie sehen schon: Meist wird Leichtigkeit in Abgrenzung zu dem definiert, was wir als das Gegenteil empfinden – Schwere, Anstrengung, Sorgen. Für andere ist es dagegen ein Gefühl, das entsteht, wenn sie im Fluss und im Einklang mit sich und ihrem Ziel sind und sich die Dinge „wie von selbst" fügen, ergeben oder geschehen.

Aufgabe: Was verbinden Sie mit Leichtigkeit?

Definieren Sie Leichtigkeit für sich. Ergänzen Sie dafür den folgenden Satz mit einer bildhafte Beschreibung: Leichtigkeit ist wie …

Hier einige Beispiele: … wie schwerelos in warmem Wasser zu schweben; … von starken Armen getragen zu sein; … eine stetig sprudelnde Quelle …

Mit einer bildhaften Beschreibung gewinnen Sie einen positiven Zugang zu Ihrem Verständnis von Leichtigkeit. Möglicherweise steckt in diesem Bild oder Gleichnis ein Symbol, das Ihnen dabei hilft, sich immer wieder daran zu erinnern, Ihre Ziele mit mehr Leichtigkeit zu verfolgen.

Wie Leichtigkeit entsteht

Jede Veränderung beginnt mit einem Gedanken: *Ich möchte X verändern und Y erreichen.* Das ist der Ausgangspunkt, von dem aus Sie sich bewegen. Wenn Sie sich entschieden haben – wieder ein Gedanke! –, überlegen Sie, wie Sie zu Ihrem Ziel gelangen. Ob die einzelnen Schritte mit Mühsal verbunden sind oder Ihnen leichtfallen, darauf hat Ihr Kopf einen entscheidenden Einfluss. Und damit sind wir bei einem wichtigen Punkt.

Leichtigkeit entsteht im Denken und lässt sich im Körper wahrnehmen.

Ihre Gedanken entscheiden zum größten Teil darüber, wie viel Leichtigkeit Sie auf dem Weg zu Ihrem Ziel erleben.

Leichtigkeit beginnt im Kopf

Wissen Sie, was Sie wirklich über Ihre Ziele und den Weg dorthin denken? Vermutlich nicht. Achten Sie einmal bewusst auf Ihre Gedanken, denn in ihnen liegt der Schlüssel für mehr Leichtigkeit. Selbst wenn wir etwas wirklich wollen, gibt es Stimmen in uns, die dagegen sind und alles daran setzen, unseren Erfolg zu unterlaufen. Diesen inneren Dialog zwischen den Befürwortern und Gegnern nehmen wir allerdings nur selten wahr. Daher ist es unerlässlich, den eigenen Gedanken auf die Spur zu kommen.

Aufgabe: Was denken Sie gerade?

Was hat der Abschnitt, den Sie eben gelesen haben, in Ihnen ausgelöst? Nehmen Sie sich ein Blatt Papier und schreiben Sie alle Gedanken untereinander, die gerade aufgetaucht sind bzw. die Ihnen dazu einfallen.

Welche davon empfinden Sie als positiv und aufbauend und welche als negativ und einschränkend?

Zunächst geht es nur darum, damit anzufangen, bewusst auf Ihre Gedanken zu achten. Gedanken sind sehr flüchtig, daher ist es hilfreich, sie aufzuschreiben. Halten Sie immer wieder inne, wenn Sie an Ihrem Vorhaben arbeiten, und achten Sie darauf, was Sie über Ihre Ziele und die Chancen, diese zu erreichen, denken. Finden Sie heraus, welche Sätze Sie auf Ihrem Weg unterstützen und welche Sie in Ihren Aktivitäten hemmen. Ihr Körper hilft Ihnen dabei, dies zu erkennen.

Jeder Gedanke hat eine Resonanz im Körper

Die meisten Menschen sind so sehr von ihren Gedanken getrieben, dass sie darüber die Wahrnehmung für ihren Körper und seine Signale verloren haben. Ihr Körper ist ein perfekter Sensor und zeigt Ihnen, in welchem Gemütszustand Sie sich gerade befinden. Dies finden Sie allerdings nur heraus, wenn Sie innehalten und seine Signale bewusst wahrnehmen. Und genau da liegt die Herausforderung!

> Aus dem gewohnten Denken auszusteigen und den Körper wahrzunehmen, fällt uns zunächst schwer – doch es lässt sich trainieren. **!**

Übung: Was nehmen Sie gerade im Körper wahr?

Halten Sie im Lesen inne, nehmen Sie einen tiefen Atemzug und wandern Sie bewusst vom Kopf in den Rest Ihres Körpers. Was nehmen Sie dort wahr?

Bewerten Sie Ihre Wahrnehmung nicht, sondern nehmen Sie nur zur Kenntnis, was Sie feststellen: ... Herzklopfen ... ein starkes Pulsieren ... Druck im Kopf ... kalte oder warme Hände/Füße ...

Bleiben Sie mit Ihrer Aufmerksamkeit dabei und beobachten Sie weiter, was passiert. Was bleibt gleich, was verändert sich?

Jeder Gedanke hat eine Resonanz in Ihrem Körper. Deshalb kann Ihnen Ihr Körper auch signalisieren, ob Ihre jeweiligen Gedanken förderlich (angenehm) oder hinderlich (unangenehm) sind. Damit spiegelt er auch wider, in welchem geistig-emotionalen Zustand Sie gerade sind: Leichtigkeit oder Anstrengung?

Unsere Gedanken sind Auslöser für sehr vieles. Sie entscheiden darüber, ob wir etwas tun oder faul sind; sie unterstützen unser Handeln oder erschweren es. Sie lassen uns groß denken oder halten uns klein. All dies lässt sich über die Körperwahrnehmung feststellen, wie das folgende Experiment zeigt.

Übung: Gedanken fühlen

Nehmen Sie einige tiefe Atemzüge, bis Sie mit Ihrer Aufmerksamkeit ganz bei sich und in der Gegenwart angekommen sind.

Achten Sie bei jedem der folgenden Sätze darauf, wo in Ihrem Körper Sie eine Resonanz spüren. Es geht nicht darum, was Sie darüber denken und ob Sie den Inhalten zustimmen. Achten Sie nur darauf, was bei diesen Aussagen auf der körperlichen Ebene geschieht.

- *Das Leben ist schön.*
- *Das Leben ist anstrengend.*
- *Alles ist gut.*
- *Ich habe alles, was ich brauche.*
- *Ich muss … (ergänzen Sie, was Sie derzeit müssen, zum Beispiel: … die Steuererklärung abgeben)*
- *Ich sollte … (ergänzen Sie einen Punkt, zum Beispiel: … meine Mutter anrufen/besuchen)*

Können Sie Unterschiede zwischen den verschiedenen Aussagen wahrnehmen? Falls dies noch nicht der Fall ist, probieren Sie es immer wieder aus. Mit der Zeit erkennen Sie die feinen Unterschiede.

Dieses Vorgehen lässt sich für Ihre weiteren Schritte zum Ziel einsetzen. Überprüfen Sie regelmäßig, wie sich ein Gedanke, eine Idee oder Vorgehensweise anfühlt. Mit ein wenig Übung erkennen Sie immer besser, welche Schritte sich leicht anfühlen und welche nicht. Im Zusammenspiel mit den Impulsen Ihres inneren Ratgebers entwickeln Sie Ihren persönlichen Maßstab, der Ihnen den zu Ihnen passenden Weg zeigt.

Nutzen Sie die Erkenntnis, dass Sie über Ihren Körper die Qualität Ihrer Gedanken erkennen können, für Ihre Zielerreichung. Dabei unterstützt Sie diese Schlüsselfrage: *Wie fühlt es sich an?*

Leichtigkeit gewinnen

Wenn Sie wissen, was Leichtigkeit für Sie bedeutet, können Sie selbst entscheiden, wie Sie Ihren Weg gestalten wollen, anstatt weiter den Maßstäben anderer zu folgen. Ihre eigenen Vorstellungen sind die einzige Richtschnur. Sie allein bestimmen über das Tempo, mit dem Sie Ihr Vorhaben umsetzen. Sie entscheiden, wann Sie sich im Fluss treiben lassen und an welchen Stellen Sie das Ruder wieder in die Hand nehmen und die Schlagzahl erhöhen. Für Ihre Entscheidung haben Sie einen klugen Ratgeber: Ihren Körper.

Körperwahrnehmung stärken

Wie schon erwähnt, ist Ihr Körper der beste Sensor für das Maß an Leichtigkeit, das Sie erleben (wollen). Durch ihn erfahren Sie, wie Sie passend an Ihr Ziel gelangen. Wie eine stetig sprudelnde Quelle sendet Ihr Körper fortwährend Hinweise: *Das ist gut für dich … Das fühlt sich seltsam an … Da stimmt etwas nicht …* Selbst wenn Sie nicht darauf achten, erhalten Sie Signale, wer und was für Sie und Ihr Leben stimmig/unstimmig, richtig/falsch, wohltuend/schädlich ist.

Diese Gabe haben wir mitbekommen – damit wir sie nutzen. Bei Babys und Kleinkindern lässt sich dies noch sehr gut beobachten: Sie wenden sich manchen Menschen zu und lehnen andere ab. Leider wird uns diese Fähigkeit frühzeitig abtrainiert. Wann immer wir unsere Wahrnehmung zum Ausdruck brachten, hörten wir Sätze wie: *Das bildest du dir nur ein! … Das sagt man nicht! … Das stimmt nicht! … Du spinnst ja!* Kein Wunder also, dass wir den Hinweisen unseres Körpers nicht mehr vertrauen.

Fühlen statt denken

Wer verlernt hat, sich auf die eigenen Gefühle zu verlassen, hat leicht den Eindruck, nichts spüren zu können. Das stimmt aber nicht, sondern bedarf nur einiger Übung. Nach und nach erkennen Sie die Signale Ihres Körpers wieder und verstehen deren Bedeutung.

> ***Mein Zugang zur inneren Schatztruhe***
>
> *Viele Jahre konnte ich meine Gefühle nicht wahrnehmen. Ich war so sehr in meinem Kopf, dass ich keinen Zugang*

mehr hatte zu anderen Teilen meines Körpers. In einer Fortbildung, in der Fühlen eine wichtige Rolle spielte, änderte sich dies. Der Trainer zeigte mir anhand einer einfachen Übung, dass ich ständig fühlte. Mein Fühlen war allerdings so subtil, dass ich einige Zeit brauchte, bis ich es erkannte, ohne dass meine Gedanken sich sofort darüberlegten. Ohne es zu bemerken, hatte ich die frühere Abwertung meiner Wahrnehmungen durch mein Umfeld übernommen und damit den Schlüssel zu meiner persönlichen Schatztruhe verlegt.

Achten Sie bewusst darauf, wie schnell Sie Ihre Wahrnehmungen bewerten. Hier einige Beispiele dafür: *So ein Blödsinn! … Was ich mir wieder einbilde – der (die/das) ist schon in Ordnung! … Da hab ich wieder so eine verrückte Idee … Wo kommt das jetzt wieder her?! …* Es sind Sätze wie diese, die gewohnheitsmäßig auftauchen und Ihre Wahrnehmung torpedieren.

Wahrnehmen statt interpretieren

Zugang zu Ihrer Körperweisheit gewinnen Sie, indem Sie damit beginnen, einfach nur wahrzunehmen, wie sich ein Gedanke, ein Ort oder eine Begebenheit anfühlt – ohne Etikett, Wertung, Beurteilung oder Beschreibung. Einfach nur: *Interessant! So fühlt sich das an!* Auf diese Weise erkennen Sie, welche Energie darin enthalten ist, und verstehen sie als Ihre eigene, bislang verborgene Kraft. Diese lässt sich mit zunehmender Übung bei vielen Gelegenheiten einsetzen.

Was wir landläufig als „Gefühle" bezeichnen, sind in Wahrheit Emotionen. Gefühle sind die reine, ungefilterte

Körperwahrnehmung. Im Gegensatz dazu entstehen Emotionen dadurch, dass wir Erlebnisse interpretieren und bewerten. Diese stimmen nicht mit der wirklichen Körperwahrnehmung überein, weil sie vergrößert, verzerrt oder verallgemeinert wurden. Dadurch handeln Sie in ähnlichen Situationen auf die immer gleiche Weise. Ihre Interpretation beeinflusst Ihre Sicht auf bestimmte Erfahrungen und wiederkehrende Ereignisse. Probieren Sie es gleich einmal aus.

Angst oder Aufregung?

Denken Sie zurück an eine Situation, die Sie als unangenehm empfunden haben. Erinnern Sie sich daran, was Sie in Ihrem Körper wahrgenommen haben. Ohne Bewertung sind dies meist: feuchte Handflächen, Herzklopfen, flache Atmung, zittrige Knie …

Denken Sie als Nächstes an eine Situation, in der Sie aufgeregt waren, weil es für Sie um etwas Wichtiges ging. Welche Körperwahrnehmung hatten Sie in dieser Situation? Ohne Interpretation sind dies in der Regel: feuchte Handflächen, Herzklopfen, flache Atmung, zittrige Knie…

Sie sehen: Die reine Körperwahrnehmung ist in beiden Situationen sehr ähnlich. Der einzige Unterschied ist Ihre Interpretation und das Etikett, das Sie dem jeweiligen Anlass geben: Einmal ist es: Ich habe Angst! *Das andere Mal:* Wie aufregend!

Genau in diesen Etiketten liegt das Problem – und zugleich die Lösung: statt zu bewerten nur wahrzunehmen, was auftaucht.

Erfahrungen anders benennen

Gewöhnen Sie sich an, mehr von den aufregenden Situationen zu sprechen, die Sie erlebt (und gemeistert) haben, und weniger von der Angst, die Ihre Begleiterin war. Sie werden erleben, wie sich dadurch Ihr Verhalten ändert und Sie mutiger werden. Eine andere Benennung verändert Ihren Blickwinkel und Ihre Reaktionsmöglichkeiten. Das ist ein entscheidender Faktor!

Aus einer neutralen, nicht wertenden Position heraus fällt es leichter, an einem Gefühl dranzubleiben. Normalerweise steigen wir so schnell wie möglich aus einer als unangenehm bewerteten Wahrnehmung aus und flüchten uns ins Denken. Ohne Bewertung können Sie das Gefühl in Ihrem Körper voll und ganz erleben. Sie entdecken die in jedem Gefühl enthaltene Schwingung und erleben, wie diese kraftvoll durch Ihren Körper pulsiert.

Bezeichnungen beschränken und kontrollieren diese Kraft. Ohne Bewertung erlangen Sie eine größere Freiheit – im Fühlen, im Handeln und in Ihrer Fähigkeit, Ihr Leben so zu gestalten, wie es für Sie passend, stimmig und leicht ist.

Wenn alles nur schwer ist

Dennoch fühlt sich manchmal alles nur schwer an. Dann ist es keine Lösung, mit dem Kopf durch die Wand zu wollen oder sich unter Druck zu setzen mit Sätzen wie *Das muss jetzt einfach sein!* Treten Sie stattdessen einen Schritt zurück.

Übung: Wie geht es leichter?

Diese Frage verändert Ihren Fokus. Weg von der Schwere, die Sie spüren, hin zu Möglichkeiten, wie Sie mehr Leichtigkeit erleben.

Stellen Sie einen Kurzzeitwecker auf drei Minuten und fragen Sie sich: Wie geht es leichter? *Finden Sie mindestens zehn Ideen, was Sie jetzt gleich tun oder lassen können, damit „es" (Ihr Zustand, die anstehende Aufgabe, Ihr Vorhaben) leichter geht.*

Sie werden überrascht sein, wie viele Möglichkeiten auftauchen. Durch die enge Zeitvorgabe kommen auch vermeintlich verrückte Ideen zu Papier. Darunter sind in aller Regel ein paar brauchbare, die Sie anschließend umsetzen können. Wenn Sie feststellen, dass Sie Ihr Vorhaben viel zu ernst nehmen und Ihnen noch etwas spielerische Leichtigkeit fehlt, können Sie auch dafür ein paar Ideen entwickeln.

Die nächsten Schritte

- Achten Sie auf die Signale Ihres Körpers und nehmen Sie seine Hinweise an. Überprüfen Sie Ihre Schritte: *Fühlt sich dieser Schritt leicht an? Wie ginge es noch leichter?*
- Vertrauen Sie auf den Fluss des Lebens und lassen Sie sich einmal treiben. Genießen Sie Ihre Reise zum Ziel.

Hindernisse elegant umfließen

Sobald Sie sich auf den Weg zu Ihrem Ziel machen, tauchen sie auf: Hindernisse, Blockaden und Geister der Vergangenheit. Sie sind natürliche Begleiter auf dem Weg zum Ziel und gehören einfach dazu, wenn wir Neuland betreten. Dabei erleben nicht nur zögerliche oder ängstliche Menschen, dass sich ihnen etwas in den Weg stellt. Auch wer mit Selbstvertrauen und großer Begeisterung startet, erlebt Momente, in denen er nicht weiterkommt. Viele Menschen lassen sich davon entmutigen, was schade ist – gibt es doch Vorgehensweisen, mit denen sie handlungsfähig bleiben oder wieder werden.

Hindernisse zeigen sich in uns selbst in Form von Ängsten und Zweifeln oder als Widerstände und Unlust. Von außen kommen sie in Gestalt von auftauchenden Hürden jeglicher Art oder als kritische Stimmen aus dem Umfeld. In beiden Fällen geht es darum, sie als das zu betrachten, was sie sind: Wegweiser und Botschafter.

Was uns Hindernisse sagen

In erster Linie zeigen uns Hindernisse, dass es einen Klärungsbedarf gibt. Wenn wir uns in unbekanntes Terrain begeben, signalisieren sie uns, dass Vorsicht geboten ist. Wir müssen erst lernen, was üblich ist und ob unsere gewohnten Vorgehensweisen hier angewendet werden können. Daher ist es wichtig, dass Sie anerkennen, dass Hindernisse, Widerstände und Blockaden etwas Normales sind und zu Wachstum und Veränderungen dazugehören. Erst dann finden Sie Mittel und Wege, auf denen Sie zum Ziel gelangen.

Klärung: Welche Art von Hindernis?

Finden Sie heraus, worum es sich handelt: Sind es Ängste oder Zweifel? Verspüren Sie innere Widerstände? Diese können sich auch als Lähmung oder Unlust bemerkbar machen.

Oder erleben Sie Widerstände von außen? Das können kritische Anmerkungen aus Ihrem Umfeld sein, die Sie aus der Bahn werfen, wie auch bürokratische oder praktische Begrenzungen.

Ob Kritik aus Ihrem Umfeld ein Spiegel Ihres inneren Zustands ist oder das Thema der anderen Person, lässt sich leicht feststellen, wenn Sie dem Hinweis von Elisabeth Kübler-Ross folgen: „Alles, was uns mehr als zehn Minuten beschäftigt, sind unsere eigenen ungelösten Themen." Wenn Sie erkennen, dass es Ihr eigenes Thema ist, betrachten Sie kritische Bemerkungen als ein Geschenk, das dazu dient, weitere Sicherheit und Klarheit zu gewinnen.

Hindernisse fordern uns heraus

Hindernisse zeigen uns, dass wir unsere Vorstellungen nicht so ohne Weiteres umsetzen können. Stattdessen fordern sie uns auf, ...

- uns mit ihnen zu befassen: Damit erkennen wir, was sich dahinter verbirgt, und können die darin steckenden Hinweise annehmen. Da die meisten Hindernisse im

Kopf entstehen, ist es wichtig, dass Sie Ihre Grundüberzeugungen anschauen, überprüfen und anpassen.

- unsere Ziele zu hinterfragen: Wie entschieden bin ich dafür? Ist es das, was ich wirklich will? Bin ich auf dem richtigen Weg? Will ich zu viel – oder vielleicht zu wenig?
- nicht in Widerstand zu gehen oder bockig zu reagieren, sondern kreativ zu werden und einen leichteren Weg zu finden: Wie Sie spielerisch mit Hindernissen umgehen, erfahren Sie weiter unten.
- trotz bestehender Ängste und auftauchender Zweifel handlungsfähig zu werden oder zu bleiben: Das kann auch bedeuten zu akzeptieren, dass momentan nichts weitergeht, und eine Ziele-Pause einzulegen.

Überprüfen Sie Ihre Überzeugungen

Wie schon an anderer Stelle erwähnt, wird alles im Leben zweimal erschaffen: Als Erstes formt sich durch Ihre Gedanken eine Vorstellung, die im zweiten Schritt in der Wirklichkeit entsteht. Das Gleiche gilt für Hindernisse. Auch sie entstehen zunächst in Ihrem Kopf und zeigen sich anschließend als Spiegelbild in der Realität. Daher ist es wichtig, dass Sie Ihre Überzeugungen anschauen, um zu erkennen, ob sich darin Hindernisse verbergen.

Übung: Überzeugungen erkennen

Finden Sie heraus, was Sie denken und glauben:

- *Was denke ich über mich selbst? Glaube ich, dass ich es wert bin, meine Wünsche zu verwirklichen und im Leben etwas zu erreichen?*

- *Was denke ich über meine Ziele? Halte ich sie für etwas, das mir zusteht, oder glaube ich, dass ich mich mit dem zufriedengeben sollte, was ich habe?*
- *Was denke ich über den Weg, um ans Ziel zu gelangen? Muss ich mich dafür anstrengen oder darf es tatsächlich leicht sein?*

Nehmen Sie sich Zeit für diese Analyse und schreiben Sie alles auf, was Ihnen dazu einfällt. Es kann auch eine Mischung aus „einerseits" und „andererseits" sein, durch die Sie erkennen, dass unterschiedliche Anteile miteinander in Widerstreit stehen.

Geprägt werden unsere Überzeugungen durch Kindheits- und Lebenserfahrungen und die Schlüsse, die wir daraus gezogen haben. Diese haben Einfluss darauf, wie wir durchs Leben gehen, wie auch das folgende Beispiel zeigt.

Was kommt nach?

In einem Workshop sagte eine Teilnehmerin: „Vielleicht sollte ich mich mit dem zufriedengeben, was ich habe. Es kommt ja immer etwas Schlechteres nach!" Ich war überrascht über diese Aussage, denn meine eigene Überzeugung ist das genaue Gegenteil: Es kommt immer etwas Besseres nach!

Überprüfen Sie für jede dieser beiden Aussagen:

- *Was löst die Aussage in Ihnen aus?*
- *Wie stehen Sie zu dieser Aussage? Stimmen Sie ihr zu oder lehnen Sie sie ab?*
- *Welche Körperwahrnehmung löst diese Aussage in Ihnen aus?*

- *Was ist jetzt, nach der körperlichen Wahrnehmung, Ihr spontaner Impuls? Was würden Sie am liebsten tun – oder auch lassen?*
- *Welche Ergebnisse könnten dadurch eintreten? Was wäre dadurch möglich, was nicht?*
- *Vergleichen Sie Ihre Ergebnisse zu beiden Aussagen: Was ist gleich und worin unterscheiden sie sich?*

Der Gedanke *„Es kommt immer etwas Schlechteres nach"* führt dazu, dass Menschen in eine Habachtstellung verfallen. Sie ändern nichts, auch wenn sie unzufrieden oder sogar von einer inneren Unruhe und Sehnsucht nach Veränderung getrieben sind. Sie finden sich mit ihrer Situation ab und schaffen es nicht, etwas zu verändern – denn es könnte ja schlimmer kommen, als es bereits ist.

Im Gegensatz dazu erlebe ich Menschen mit der Grundhaltung *„Es kommt immer etwas Besseres nach"* als initiativ und zukunftsorientiert. Sie nehmen Probleme als Teil des Lebens an, reflektieren Geschehnisse, um daraus zu lernen, und verbuchen diese anschließend auf das Konto „Erfahrung". Das erleichtert es ihnen, negative Erlebnisse schneller loszulassen und den Blick erwartungsvoll in die Zukunft zu richten.

Förderliche Gedanken entwickeln

Ob Ihre Gedanken für Sie und Ihren weiteren Weg förderlich oder hinderlich sind, signalisiert Ihnen Ihr Körper. Wenn Sie Ihre hinderlichen Glaubenssätze kennen, können

Sie diese ändern und durch andere Gedanken ersetzen und damit andere Ergebnisse erreichen.

Schreiben Sie alle hinderlichen Sätze auf, die Ihnen auffallen oder auf die andere Sie hinweisen. Beschönigen oder zensieren Sie nichts. Nehmen Sie solche Gedanken einfach nur zur Kenntnis. Nur wenn Sie ehrlich mit sich sind, können Sie Ihre Selbstgespräche – und das sind unsere Gedanken in erster Linie – verändern.

Übung: Hinderliche Gedanken verändern

Verwandeln Sie jeden hinderlichen Gedanken in einen unterstützenden Satz, der positiv, aufbauend und förderlich ist.

Bisheriger Gedanke	***Neue Aussage***
Wenn es so einfach wäre!	*Ich mache es mir leicht.*
Die hat gut reden!	*Das ist ein neuer Gedanke, dem ich nachgehe.*
Das Leben ist halt kein Zuckerschlecken.	*Das Leben ist so, wie ich es gestalte und mir wünsche.*
Ich kann mir mein Umfeld nicht aussuchen.	*Ich nehme mein Umfeld so an, wie es ist, und mache das Beste daraus.*
Ich schaffe das alles nicht.	*Ich gehe einen Schritt nach dem anderen.*

Wenn Sie sich künftig dabei erwischen, dass Sie den bisherigen Gedanken denken, sagen Sie zu sich: *Stopp! Das stimmt so nicht (mehr) ...* und ergänzen Ihren förderlichen Satz: *Das stimmt so nicht mehr. Ich mache es mir leicht.* Die neuen Aussagen können als persönliche Bestärkungssätze dienen, mit denen Sie nach und nach Ihre inneren

Einstellungen und Überzeugungen verändern. Eine weitere Möglichkeit ist, daraus ein Mantra zu machen, das Sie – beim Spazierengehen, Kochen oder Putzen – vor sich hin singen. Bis der neue Satz zu einer Selbstverständlichkeit geworden ist.

Blockaden liegen eine Ebene tiefer

Neben den vordergründigen Hindernissen, die hauptsächlich durch unsere Gedanken entstehen, gibt es auch noch tiefer liegende Blockaden, die uns in unserem Handeln lähmen. Wir würden ja gerne, doch es geht einfach nicht. Etwas blockiert uns. Meiner Erfahrung nach stammen viele Blockaden aus einem der folgenden drei Bereiche:

Das machen doch alle so!

Im Wirtschaftsleben gibt es ein beliebtes Vorgehen: nach „Best Practice" zu suchen, also nach Beispielen, wie es andere erfolgreich vorgemacht haben. Damit verbunden ist die Überzeugung, dass etwas, was einmal geklappt hat, auf viele andere Situationen übertragbar ist.

Auch für die Zielerreichung gibt es zahlreiche Best-Practice-Beispiele. Diese lernen Sie durch Bücher, Vorträge oder Seminare kennen und probieren sie aus. Doch Sie kommen damit nicht zurecht oder scheitern auf halbem Weg. Statt sich nun als unfähig zu betrachten, überlegen Sie mal: *Was wäre, wenn dieser Weg für Sie und Ihr Vorhaben falsch ist?* Mit dem MutmacherPrinzip finden Sie einen anderen, nämlich Ihren ganz persönlichen Weg, um ans Ziel zu gelangen. Auch hier können unterwegs Hindernisse auftauchen.

Doch mit den in diesem Buch vorgestellten Methoden finden Sie Ihren eigenen Weg, mit ihnen umzugehen.

Hilfe, ich weiß nicht, was ich will!

Sie haben sich die Aufgaben aus dem ersten Kapitel vorgenommen, konnten jedoch wenig damit anfangen. Sie haben keine Idee, wie Ihre Zukunft aussehen könnte und was Sie wirklich wollen. Alles, was Sie aufschreiben, fühlt sich falsch an. Je länger Sie vor der Aufgabe sitzen, desto weniger klare Gedanken können Sie fassen.

Diese „Ich weiß nicht, was ich will"-Blockade befällt Menschen, die folgende Situationen erlebt haben:

- Sie wurden nie gefragt, was sie möchten. Andere haben wie selbstverständlich für sie entschieden – und sie haben sich gefügt.
- Es war bislang nicht erforderlich, sich Gedanken zu machen. Auf ihrem Weg hat sich eines zum anderen gefügt und die Ergebnisse haben weitgehend gepasst.
- Sie haben nie gelernt, dass ihre Wünsche wichtig sind. Wann immer sie Interesse gezeigt oder Wünsche geäußert haben, wurde es ihnen ausgeredet. Sie sind den Vorstellungen anderer gefolgt und haben dadurch den Zugang zu ihren eigenen Wünschen verloren.
- Sie haben viele unterschiedliche Interessen und wandern von einem spannenden Thema zum nächsten. Für keines können sie sich entscheiden. Es fällt ihnen schwer, an einer einzigen Sache dranzubleiben oder sich für ein Ziel zu entscheiden.

Wenn Sie sich in einer dieser Beschreibungen wiederfinden und etwas ändern wollen, achten Sie darauf, was Ihre Aufmerksamkeit weckt und was Sie besonders anspricht. Sammeln Sie alles, was Ihnen begegnet. Holen Sie sich Unterstützung, um in Ihrer Sammlung den roten Faden zu erkennen oder herauszufinden, wie sich mehrere Interessen verknüpfen lassen.

Das geht doch nicht!

Und schließlich gibt es noch diejenigen, die zwar Ideen haben, diese jedoch nicht zu Papier bringen oder spätestens bei den ersten konkreten Schritten aufhören. Sie erleben eine innere Sperre, die es ihnen unmöglich macht, etwas zu tun. Sie versagen sich, von einem anderen Umfeld, einer neuen Tätigkeit oder einer besseren Beziehung zu träumen, weil ihnen dafür die „Erlaubnis" fehlt.

Manuela, Teilnehmerin einer Coaching-Gruppe für Gründer und Selbstständige

In der Coaching-Gruppe erlebten wir Manuela als eine Frau, die vor Ideen sprühte. Sie liebte Farben und Stoffe und war im Umgang damit sehr kreativ. Als es darum ging, daraus ein Geschäftskonzept zu erstellen, erstarrte sie sichtlich. Wie sich herausstellte, versagte sie sich, mit ihrem bisherigen Hobby Geld zu verdienen.

Ich schlug ihr vor, einen persönlichen Erlaubnisschein zu gestalten, den alle aus der Gruppe unterschreiben würden. Gesagt, getan. Sie rahmte ihn ein und hängte ihn sichtbar in ihrer Küche auf. Dies war der erste Schritt auf dem Weg zu einem erfolgreichen und farbenfrohen Unternehmen.

Von außen wird die Erlaubnis nicht kommen. Als Erwachsener können und dürfen Sie selbst entscheiden, ob Sie bleiben, wo Sie sind. Oder Sie geben sich wie Manuela endlich selbst die Erlaubnis, Ihr Leben nach eigenen Wünschen zu gestalten.

Wenn Blockaden tief verwurzelt sind

Es gibt Blockaden, die so tief sitzen, dass sie sich mit den in diesem Buch vorgestellten Methoden kaum lösen lassen. In diesen Fällen ist es wichtig, die in der Familien- oder Lebensgeschichte liegenden Ursachen herauszufinden und mit professioneller Hilfe aufzulösen. Erst wenn dies geschehen ist, sind Sie frei genug, Ihre eigenen Ziele zu erkennen und den Weg dorthin mit Leichtigkeit gehen.

Kreativ mit Hindernissen umgehen

Üblicherweise versuchen wir, Hindernisse vom Kopf her zu lösen, oder setzen Vorgehensweisen ein, die wir bereits kennen. Hier lernen Sie zwei Möglichkeiten kennen, wie Sie spielerisch vorgehen.

Hindernisse zum Tanz einladen

Suchen Sie sich eine Musik, zu der Sie sich gerne bewegen. Am besten ist ein Stück, das zehn Minuten oder länger dauert. Schließen Sie die Augen und bewegen Sie sich einige Zeit zum Rhythmus der Musik, bis Sie das Gefühl haben, ganz bei sich zu sein. Bitten Sie Ihre „Geister", die Hindernisse, Widerstände und Blockaden, sich zu zeigen.

- Welche Geister tauchen vor Ihrem inneren Auge auf und in welcher Form zeigen sie sich? Wie sehen sie aus? In welcher Stimmung sind sie? Wie bewegen sie sich? Was ist Ihr eigenes Gefühl dazu?
- Danken Sie allen, dass sie sich zeigen, und bitten Sie einen davon zum Tanz. Verabschieden Sie sich von den anderen; sie kommen zu einem anderen Zeitpunkt dran.
- Überlassen Sie dem Hindernis die Führung in diesem Tanz. Bitten Sie es: *Zeige mir, was du von mir möchtest und wie du mir nützen kannst.* Damit gewinnen Sie einen anderen Blick auf das Hindernis oder erfahren überraschende Aspekte.
- Verabschieden Sie sich nach dem Ende des Musikstücks von Ihrem „Tanzpartner". Schreiben Sie auf, was Sie durch diesen Tanz erfahren haben.
- Wenn Sie mögen, tanzen Sie nach und nach auch noch mit den anderen Geistern – gleich anschließend oder ein anderes Mal. Achten Sie darauf, dass es Ihnen dabei gut geht! Dieser Tanz soll, neben dem Erkenntnisgewinn, auch Spaß bringen.

Elisabeth, Teilnehmerin einer Coaching-Gruppe

Mein Tanz mit dem Phlegma, mit dem ich immer wieder hadere, brachte eine erstaunliche Erkenntnis. Unsere Bewegungen waren kaum wahrnehmbar, was mich zunächst überraschte. Als ich nachfragte, tauchte diese Information auf: Ich behüte dich und achte darauf, dass du dich ohne Anstrengung bewegst.

Reden Sie mal miteinander

„Druck erzeugt Gegendruck" – dieser Satz zeigt bereits, dass es nichts bringt, sich gegen Widerstände zu wehren oder mit ihnen zu kämpfen. Geben Sie ihnen stattdessen einen Platz und lernen Sie sie besser kennen.

Übung: Ein klärendes Gespräch

Stellen Sie zwei Stühle einander gegenüber. Setzen Sie sich auf den einen und legen Sie ein Symbol für Ihren Zweifel auf den anderen Stuhl. Grübeln Sie nicht lange nach, sondern nehmen Sie irgendeinen Gegenstand, der Ihren Zweifel darstellt. Stellen Sie Ihrem Zweifel die folgende Frage: Was willst du mir sagen? *Wechseln Sie dann den Platz und setzen Sie sich auf die Position des Zweifels. Nehmen Sie den Gegenstand in die Hand und antworten Sie ganz spontan. Nach der Antwort wechseln Sie zurück auf den ersten Stuhl und stellen Sie dem Zweifel die nächste Frage. Diese Übung können Sie auch schriftlich machen und unterschiedliche Farben nutzen, mit denen Sie den Positionswechsel markieren.*

Handlungsfähig werden und bleiben

Meist ist es weniger die Unfähigkeit, mit Ängsten, Zweifeln und Negativität umzugehen, die uns zu schaffen macht, sondern die fehlende Bereitschaft, uns mit ihnen zu beschäftigen. Es ist so viel einfacher, im alten, gewohnten Trott weiterzumachen, als sich mit Hindernissen auseinanderzusetzen und sie in ihre Schranken zu verweisen.

Das klingt vielleicht fremd in Ihren Ohren und stößt bei manchen auf Widerspruch. Doch dahinter steckt eine wichtige Frage, mit der Sie sich beschäftigen müssen: *Wer hält das Steuer in der Hand und bestimmt die Richtung?* Hinter allen Hindernissen stehen Ihre Gedanken, denen Sie das Steuer überlassen, anstatt sie in die Schranken zu verweisen. Überprüfen Sie sich jetzt: *Bin ich wirklich bereit und entschlossen, alles dafür zu tun, dass ich meine Ziele erreiche?*

Falls Sie zögern, legen Sie das Buch zur Seite und warten Sie ab, bis Sie wirklich dazu bereit sind. Hören Sie auf zu jammern und genießen Sie stattdessen das Leben, wie es derzeit für Sie ist. Wenn Sie sich allerdings dafür entscheiden, Ihre Ziele zu verwirklichen und alles dafür zu tun, finden Sie hier Anregungen, wie Sie mit Ängsten, Zweifeln und Jammeranfällen umgehen.

Ängste

Ängste gehören – wie auch die Hindernisse – zu unserem Leben dazu und haben eine vielfältige Funktion: Sie treiben uns an, etwas zu verändern. Sie schützen und warnen uns vor Gefahren. Sie bremsen, wenn wir zu schnell unterwegs sind, und zeigen uns, dass es noch etwas zu lernen oder zu klären gibt. Sie sind ein fester Bestandteil der Zielerreichung und begleiten uns ständig. Wie Susan Jeffers in ihrem lesenswerten Buch „Selbstvertrauen gewinnen: die Angst vor der Angst verlieren" schreibt, werden wir nie ohne Ängste sein. Daher ist es sinnvoll, sich mit ihnen zu beschäftigen, statt sie zu bekämpfen.

Wenn Sie Ihre Ängste akzeptieren, erfahren Sie viel darüber, was sie Ihnen zu sagen haben, und gewinnen einen weiteren Unterstützer auf Ihrem Weg. Hier finden Sie drei Möglichkeiten, wie Sie mit auftauchenden Ängsten umgehen können:

- **Stimmt das Etikett?**

Diese erste Möglichkeit haben Sie bereits kennengelernt. Nehmen Sie zunächst nur Ihren Körper wahr und registrieren Sie, was Sie tatsächlich fühlen. Überprüfen Sie danach, ob „Angst" für diese Situation tatsächlich die richtige Bezeichnung ist.

- **Bleiben Sie dran!**

Fühlen Sie, was Sie fühlen, ohne zu bewerten oder etwas zu verändern. Bleiben Sie bei diesem Gefühl und achten Sie darauf, was sich dadurch verändert. Erstaunlicherweise verwandeln sich Gefühle, wenn sie Aufmerksamkeit bekommen und einfach vorhanden sein dürfen. Möglicherweise hört, was Sie zuvor als Angst erlebt haben, bereits nach kurzer Zeit vollständig auf.

- **Was will die Angst mir sagen?**

Treten Sie mit Ihrer Angst in Kontakt und finden Sie heraus, was sie Ihnen sagen will. Stellen Sie ihr Fragen und lassen Sie sich überraschen, welche Antworten Sie erhalten. Dies ist die einfache Variante. Eine Alternative dazu ist die oben bereits beschriebene Übung „Ein klärendes Gespräch", bei der Sie die Positionen wechseln (siehe S. 106).

Zweifel

Wenn Sie an Ihrem Vorhaben oder an den eigenen Fähigkeiten zweifeln, sollten Sie sich die Frage stellen: *Wofür steht mein Ziel?* Dahinter kann sich ein anderes Bedürfnis verbergen, als Sie vermuten. Hier einige Beispiele für solche Bedürfnisse: Anerkennung aus Ihrem Umfeld, Zugehörigkeit zu einer bestimmten Gruppe oder auch der Wunsch, sich selbst etwas zu beweisen. Vielleicht verbinden Sie mit Ihrem Vorhaben ein Lebensgefühl, das Ihnen wichtig ist und von dem Sie hoffen, dass es sich einstellt, wenn Sie am Ziel angekommen sind.

Viele Menschen wünschen sich mehr Leichtigkeit, Freiheit oder auch Sicherheit, wenn sie diese nicht erleben. In solchen Fällen sollten Sie überprüfen, ob das gewünschte Lebensgefühl durch Ihr Vorhaben tatsächlich entstehen kann oder ob es sich auch auf anderem Wege erreichen lässt.

Es gibt Menschen, die grundsätzlich erst einmal an allem und jedem zweifeln. Das ist eine Angewohnheit, die uns oft nicht einmal bewusst ist. Wenn Sie erkennen, dass dies bei Ihnen der Fall ist, finden Sie heraus, was dahintersteckt.

Clarissa, Coaching-Klientin mit Zweifelphasen

Im Rahmen des Coachings berichtete Clarissa, dass sie regelmäßig von Zweifelattacken geplagt werde. Als ich sie fragte, warum sie den Zweifel ständig in ihr Leben einladen würde, reagierte sie heftig: Das stimmt überhaupt nicht! Warum sollte ich ihn einladen?!

Aufgrund dieser starken Reaktion schlug ich ihr vor, diese Frage zu beleuchten. In einem Dialog mit ihrem Zweifel stellte sich heraus, dass er eine wichtige Funktion in ihrem Leben spielte und sie ihm deshalb immer wieder Raum gab. Sie wollte ihn nicht loslassen und hat ihn daher immer wieder eingeladen.

Es kann erforderlich sein, einzelne Aspekte Ihres Ziels noch einmal zu überprüfen und herauszufinden, ob es das ist, was Sie wirklich wollen und die Motive dahinter noch stimmen.

Ziel geprüft, Motiv erkannt

Im Jahr 1995, kurz vor meiner Rückkehr aus den USA nach Deutschland, schrieb ich mir als Zehnjahresziel auf: Ich verbringe jeden Sommer drei Monate mit Gleichgesinnten auf einer Insel im Puget Sound (Nordwesten der USA).

Nach sieben Jahren beschloss ich, dorthin zu reisen und zu überprüfen, ob dieses Vorhaben noch stimmte. Während meines dreiwöchigen Aufenthalts in Seattle stellte ich fest, dass sich meine Wahrnehmung verändert hatte. Ich erkannte, dass dieses Ziel für ein anderes Lebensgefühl stand, das ich in Deutschland leicht erfüllen konnte.

Jammern

Jeder Mensch hat hin und wieder Phasen, in denen er einfach nur jammern und sich selbst bemitleiden will. Doch wie verhindern Sie, sich damit selbst auszubooten? Ganz einfach: Erlauben Sie sich zu jammern und nutzen Sie dafür einen Trick.

Übung: Begrenzen Sie die Jammerzeit!

Wenn Sie nicht weiterkommen, Ihr Ziel infrage stellen oder ständig darüber nachdenken, was alles nicht funktioniert, stoppen Sie Ihr Gedankenkarussell. Sagen Sie zu sich: Jetzt ist nicht der Zeitpunkt dafür! Nehmen Sie Ihren Kalender und tragen Sie einen Termin ein, an dem Sie sich Zeit dafür nehmen – und halten Sie diese Verabredung mit sich selbst ein. Begrenzen Sie die Jammerzeit auf 15 Minuten. Formulieren Sie alles, was Sie bedrückt, belastet oder beschäftigt – mündlich oder schriftlich. Vernichten Sie anschließend, was Sie aufgeschrieben haben, und lassen Sie es damit los.

Mit einer begrenzten Jammersitzung geben Sie Ihrem Bedürfnis nach und bleiben doch Herr über das Geschehen. Dies ist ein geschickter Weg, das innere Chaos zu beherrschen, das einer neuen Ordnung vorangeht, und zugleich etwas für Ihre Seelenhygiene zu tun.

Leicht darum herum

Bevor etwas leicht aussieht, ist viel Übung erforderlich – das gilt auch für den Weg zum Ziel. Sie haben schon viele Anregungen erhalten, von denen einige neu oder ungewohnt sind. Anstatt sich in den immer gleichen Spuren zu bewegen, probieren Sie etwas anderes aus. Dazu gehören Umwege ebenso wie die Bereitschaft, trotzdem zu handeln. Manchmal wird es erforderlich sein, selbstbewusst aufzutreten, auch wenn Sie innerlich alles andere als sicher sind.

Etwas Positives dagegensetzen

Wie Hirnforscher herausgefunden haben, steht unser Gehirn besonders auf das Glückshormon Dopamin. Je mehr wir davon produzieren, desto leichter fällt es uns, Neues auszuprobieren, weise Entscheidungen zu treffen und unsere Ziele zu verfolgen. Wenn wir uns Sorgen machen, Schwierigkeiten befürchten oder Schmerzen haben – egal ob diese eingebildet oder real sind –, sinkt der Dopaminspiegel im Gehirn. Die Folge: Wir verlieren an Interesse, Leistungsbereitschaft und Optimismus. Solch negativen Gedanken lässt sich mit regelmäßigen 60-Sekunden-Happen – einem „Dopamin-Dessert", wie die beiden Neurowissenschaftler Mark Waldman und Dr. Andrew Newberg[6] es nennen – etwas entgegensetzen.

Übung: Dopamin-Dessert verhindert Unlust

Strecken und bewegen Sie Ihre Arme und Beine in einer Weise, die Ihnen größtmögliche Freude macht. Streichen Sie mit den Fingern über Ihre Handinnenflächen und erleben Sie dabei das angenehme Gefühl, das dabei entsteht. Streicheln Sie sich über Gesicht und Kopfhaut. Atmen Sie dabei tief ein und verstärken Sie damit das Vergnügen. Streichen Sie danach mit den Händen über Ihre Kleidung und achten Sie darauf, wie unterschiedlich sich die Struktur der einzelnen Teile anfühlt.

Atmen Sie durch die Nase und nehmen Sie die kühle Luft wahr, die durch Ihre Nasenlöcher einströmt. Wenn sich dies

[6] Autoren des Buches „Die Kraft der mitfühlenden Kommunikation: Wie Worte unser Leben ändern können". Quelle: Science of Mind, August 2013

gut anfühlt, unterstreichen Sie dieses Gefühl beim Ausatmen mit dem Ton „Mmm". Spüren Sie, wie dieser Ton durch Ihren Körper vibriert.

Konzentrieren Sie sich auf das wohltuende Gefühl in Ihrem Körper. Gehen Sie von dort mit Ihrer Aufmerksamkeit zu all den angenehmen Gerüchen und Geräuschen Ihrer Umgebung. Registrieren Sie alles mit einem „Mmm". Lassen Sie zum Abschluss Ihre Augen zu all den wunderbaren Farben und Formen schweifen, die Sie umgeben.

Während dieser Übung ist es für Ihr Gehirn unmöglich, an Probleme oder Negatives zu denken. Zudem wird durch den Klang von „Mmm" der Denkprozess in den vorderen Gehirnlappen, wo die negativen Gedanken entstehen, verlangsamt. Sie bieten Ihrem Gehirn damit eine Ruhepause und erzeugen dabei Dopamin. Mit einem Gefühl von Klarheit und Befriedigung kehren Sie nach dieser kleinen Pause zurück zu Ihren Aufgaben.

Umwege entdecken

Manchmal stellen wir fest, dass wir im gewohnten Fahrwasser nicht weiterkommen. Dann brauchen wir eine andere Route. Diese kann wie ein Umweg aussehen, der länger dauert und weiter ist. Ein persönliches Vorhaben zu verwirklichen, ist jedoch keine sportliche Leistung, bei der es darauf ankommt, möglichst schnell ins Ziel zu kommen. Hindernisse sind dabei lediglich ein Hinweis, dass es *hier* oder *so* nicht weitergeht.

Treten Sie zunächst ein Stück zurück. Mit etwas Distanz betrachtet, erkennen Sie besser, wie groß ein Hindernis ist.

Vielleicht entdecken Sie bereits einen Pfad, der Sie weiterbringt, und probieren ihn aus. Oder Sie nehmen sich das Wasser als Vorbild: es lässt sich von der Blockade leiten, bis es wieder frei fließen kann. So stellen sich Umwege häufig als wertvoll heraus.

… und trotzdem handeln

Das bereits erwähnte Buch von Susan Jeffers heißt im Original „Feel the fear and do it anyway" – übersetzt: „Spür die Angst und tu es trotzdem". Lassen Sie sich von Ängsten oder Hindernissen nicht davon abhalten, Ihrem eigenen Weg zu folgen. Auch in schwierigen Situationen gibt es Möglichkeiten, einen kleinen Schritt weiterzugehen.

Übung: Zum „trotzdem" gelangen

Nehmen Sie sich drei Minuten Zeit und schreiben Sie alles auf, was Sie jetzt in jedem Fall tun könnten. Bleiben Sie in der Möglichkeitsform: Ich könnte… Damit geben Sie sich die Freiheit, auch verrückte Gedanken aufzuschreiben.

Lesen Sie Ihre Ideen durch, wählen Sie spontan eine davon aus – und setzen Sie diese gleich um!

Auf diese Weise lernen Sie, dass es immer mehr Möglichkeiten gibt, als Sie zunächst vermuten. Durch eine schnelle Umsetzung erleben Sie, dass es möglich ist, auch in herausfordernden Situationen handlungsfähig zu bleiben. Das stärkt Ihr Selbstvertrauen und bringt Sie wieder einen kleinen Schritt näher an Ihr Ziel.

So tun als ob

An dieser Stelle helfen Ihnen die Vorbilder, die Sie in Kapitel 3 entdeckt haben (siehe S. 56). Wie haben diese Menschen gehandelt, um selbstbewusst ihr Ziel zu erreichen? Was tun und was lassen sie, wenn sie Schwierigkeiten erleben? Wie gehen sie vor? Worin erkennen Sie deren Selbstvertrauen? Das bietet Ihnen Anhaltspunkte für Ihr eigenes Vorgehen.

Eignen Sie sich die Fähigkeiten Ihres Vorbilds an. Schauen Sie, was davon für Sie passt. Ahmen Sie Körperhaltung, Sprache und Vorgehensweisen nach. Tun Sie so, als ob Sie genauso selbstbewusst, zuversichtlich oder erfolgreich wären – auch wenn es noch nicht zutrifft. Sie werden schnell feststellen, dass es Ihnen mit jedem Mal leichter fällt, selbstbewusst und vertrauensvoll zu handeln. Mit jedem „so tun als ob" wächst Ihre innere Stärke und Sie handeln selbstverständlicher – bis es zur Gewohnheit geworden ist.

Wenn gar nichts geht …

Es gibt Momente, in denen gar nichts geht. Sie sind wie festgenagelt, haben keine Ideen und wissen weder aus noch ein. Statt sich niederzumachen, gibt es nur eines: Lassen Sie Ihr Vorhaben und alles, was damit zusammenhängt, für den Moment los. Wozu Energie hineinstecken und mit Gewalt etwas erreichen wollen, wenn es doch zu nichts führt?!

Vielleicht taucht jetzt bei Ihnen die Frage auf: *Woran erkenne ich, wann ich loslassen sollte?* Wichtige Anzeichen sind hohe Anspannung und innerer Druck. Diese Signale gibt Ihnen Ihr Körper. Wenn Sie feststellen, dass Sie sich zu sehr anstrengen oder viele Fehler entstehen, sagen Sie: *Stopp! So geht es nicht weiter!* Für persönliche Ziele gibt es kein Enddatum. Daher treibt niemand Sie an – nur Sie sich selbst. Lassen Sie los und vertrauen Sie darauf, dass bald die Lösung entsteht und Sie mit neuer Kraft weitermachen. Und bis dahin? Hier einige Hinweise:

Machen Sie etwas anderes

Manchmal fehlen Material oder Informationen. Während Sie darauf warten, beschäftigen Sie sich mit einem anderen, erst später anstehenden Aspekt Ihres Vorhabens. Damit bleiben Sie im Fluss. Als Nebeneffekt können Querverbindungen, neue Erkenntnisse und überraschende Einsichten entstehen, die Ihrem Vorhaben insgesamt dienen.

Wenn dies keine Alternative ist, beschäftigen Sie sich mit einer Aufgabe, die nichts mit Ihrem Vorhaben zu tun hat. Besonders beliebt und hilfreich sind Putzen, Kochen und Aufräumen. Damit sind Sie beschäftigt – für viele Menschen ein wichtiger Aspekt! Ein weiterer Vorteil ist, dass Sie bei diesen Tätigkeiten meist wenig nachdenken und schnelle Erfolgserlebnisse haben. Das lenkt davon ab, dass dies bei Ihrem Vorhaben gerade nicht der Fall ist.

Auch kreative Tätigkeiten wie Malen, Schreiben, Basteln oder Dekorieren beschäftigen den Geist und lenken von der Blockade ab. Der Vorteil hiervon: Sie müssen sich konzentrieren, kommen auf andere Gedanken und häufig entstehen „ganz nebenbei" gute Ideen für die nächsten Schritte.

Wechseln Sie den Ort

Sich an einen anderen Ort – sowohl innerhalb wie außerhalb – zu begeben, führt zu einem Perspektivenwechsel. So habe ich mich während des Buchschreibens für eine Woche in ein Ferienhaus zurückgezogen. Dort war der gewohnte Alltag außen vor, und ich konnte völlig ungestört arbeiten. Auch ein Ausflug, ein Messebesuch, eine Kunstausstellung oder mal wieder ins Kino zu gehen, führen zu Anregungen und neuer Inspiration.

Legen Sie eine Entspannungspause ein

Wer intensiv an einer Sache arbeitet, vergisst leicht, dass er auch noch einen Körper hat. Erst wenn dieser schmerzvolle Signale gibt, wachen wir aus dem Zustand höchster Konzentration auf. Dann brauchen wir einen Ausgleich, der den Körper aus seiner Starre befreit. Mit der Entspannung des Körpers weicht auch die geistige Anspannung auf und wir können mit neuem Schwung weiterarbeiten.

Finden Sie heraus, wobei Sie sich am besten entspannen können. Hier einige Anregungen für schnelles Auftanken:

- ein Spaziergang in der Natur
- Tanzen oder Yoga-Übungen
- sich strecken und räkeln wie eine Katze
- eine 20-Minuten-Pause: flach hinlegen und den Körper wahrnehmen. Eine längere Schlafpause wirkt hier eher kontraproduktiv. Um zu vermeiden, dass Sie doch einschlafen, nehmen Sie einen Schlüssel in die Hand. Dieser

fällt beim Einschlafen herunter und weckt Sie auf, ehe Sie in Tiefschlaf versinken.

- Nutzen Sie auch Ihren in Kapitel 4 beschriebenen persönlichen Kraftort (siehe S. 70).

Die nächsten Schritte

- Überprüfen Sie regelmäßig, wie leicht sich Ihre Schritte gerade anfühlen. Fragen Sie sich: *Wie geht es leichter?*
- Nutzen Sie Widerstände als Hinweis, statt gegen sie anzukämpfen. Finden Sie heraus, was dahintersteckt und wozu sie dienen. Auch Umwege geben Orientierung und zeigen neue Routen.
- Machen Sie öfter eine Pause – zur Klärung, Überprüfung und Ausrichtung Ihres Vorhabens.

Im Fluss bleiben – den Erfolg sichern

Das in diesem Buch vorgestellte Vorgehen ist ein persönlicher Entwicklungsprozess. Statt der üblichen Erwartung „Da hat jemand die Lösung für mich" sind Sie gefordert, Ihren eigenen Weg zu finden. Vielleicht haben Sie erkannt, dass Sie alles zur Verfügung haben, was Sie brauchen, um ihn in Leichtigkeit zu gehen. Was nicht bedeutet, dass alles einfach und ohne Schwierigkeiten verläuft. Doch die vorgestellten Werkzeuge unterstützen Sie dabei, die zu Ihnen passende Route zu erkennen und ihr mutig zu folgen.

An jedem Punkt des Weges können Sie entscheiden, ob Sie diesem Prozess weiterhin vertrauen, neugierig bleiben und dabei Spaß haben. Auch wenn Sie über einzelne Schritte und Ergebnisse keine vollständige Kontrolle haben, ist eines wichtig: Sie haben Ihre Erfahrungen zum Großteil selbst in der Hand. In jedem Moment entscheiden Sie darüber, mit welcher Haltung Sie auf Ergebnisse oder Probleme blicken: erwartungsvoll oder skeptisch, vertrauensvoll oder ängstlich, gelassen oder immer auf der Hut.

Damit beeinflussen Sie, wie sich der Weg gestaltet: ob er leicht und fließend wird oder Sie ihn als anstrengend erleben. Mit einigen abschließenden Gedanken bleiben Sie im Fluss und sichern Ihren weiteren Erfolg.

Dem Prozess vertrauen

Am Anfang Ihres Weges wissen Sie trotz Ihrer Vorstellungen und Wünsche noch nicht, wo Sie am Ende tatsächlich ankommen und was Sie bis dahin erleben werden. Mit der

Zeit schälen sich immer mehr Einzelheiten heraus. Sie lernen, mit Ungewissheit zu leben und den Blick auf das Gewünschte zu fokussieren. Dabei unterstützen Sie zwei Elemente, die – um im Bild des Flusses zu bleiben – wie die Uferbefestigung wirken, die den Fluss leitet: Ihre Körperwahrnehmung und Vertrauen.

Vertrauen in sich selbst und das Leben

Der eine Teil ist das Selbstvertrauen – also das Vertrauen in sich selbst, in seine Fähigkeiten und Erfahrungen wie auch in seine Wünsche und Träume, aus denen man seine Ziele ableitet.

Dem steht das Vertrauen in das Leben als solches gegenüber, das manchmal auch als „Urvertrauen" bezeichnet wird. Je nachdem, was Sie in Ihrer Kindheit und Jugend erlebt haben, wurde dieses Grundvertrauen gestärkt oder geschwächt. Und so ist es für Sie leichter oder schwerer, an die eigenen Träume, ein selbstbestimmtes Leben und ein förderliches Universum zu glauben. Doch Sie sind nicht an die Vergangenheit gefesselt, sondern können alte Muster durchbrechen und neue Entscheidungen treffen. Manchmal geht dies nicht allein – dann brauchen Sie Hilfe von außen.

Machen Sie es sich zur Regel, immer wieder innezuhalten und zu überprüfen, wo Sie in diesem Vertrauensbildungsprozess stehen. Verbinden Sie es damit, Ihre Vorstellungen, Ergebnisse und Handlungen zu überprüfen und sich regelmäßig auszurichten.

Übung: Immer wieder innehalten

Beleuchten Sie Ihre Ergebnisse und Erfahrungen einmal pro Woche. Machen Sie daraus eine Gewohnheit, für die Sie einen festen Termin, z. B. den Sonntagabend, festlegen.

Überprüfen Sie, was Sie sich vorgenommen hatten und was im Verlauf der Woche tatsächlich geschehen ist:

- *Was haben Sie unternommen? Welche Ergebnisse sind dadurch eingetreten? Welche Erfahrungen haben Sie gemacht? Notieren Sie sich diese Punkte in Ihrem Fortschrittstagebuch oder nutzen Sie den Wochenplan auf der Buch-Webseite (www.mutmacherprinzip.de).*
- *Was hat nicht oder nur zum Teil funktioniert? Lassen Sie los, was sich erledigt hat oder Sie nicht ändern können. Überprüfen Sie, wo Sie sich noch ärgern – und verabschieden Sie sich davon. Was geschehen ist, ist geschehen und vorbei. Nutzen Sie die Hinweise, mit denen Sie wieder gleich/gültig werden.*
- *Richten Sie sich auf die vor Ihnen liegende Woche, Ihre nächsten Schritte und Ihr Vorhaben aus. Formulieren Sie dafür Ausrichtungssätze.*

Das Erreichte würdigen

Trotz regelmäßiger Rückschau hadern wir schnell, wenn Fortschritte geringer ausfallen als erwartet, oder wir verlieren die kleinen Erfolge aus dem Blick. Wenn wir diese nicht erkennen und wertschätzen, sinkt unser Energieniveau und wir werden mutlos. Dagegen hilft, regelmäßig das bereits Erreichte zu würdigen – im Kleinen wie im Großen. Das dauert nicht lange, ist sehr wirkungsvoll und besteht aus zwei Teilen: Dankbarkeit und Wertschätzung.

Dankbarkeit führt zu mehr Anziehungskraft

Möglicherweise nicken Sie jetzt, weil Sie diesen Vorschlag schon oft gehört haben. Doch setzen Sie ihn auch regelmäßig um? Erst dann erleben Sie die positive Wirkung.

Die meiste Zeit des Tages beschäftigen wir uns damit, was in unserem Leben *nicht* funktioniert: Wir vergleichen uns mit anderen und erkennen, dass diese besser, erfolgreicher und selbstbewusster sind. Wir bewerten alles, was wir sehen, hören oder miterleben. Das wenigste davon bekommt positive Noten. Zudem hören wir Nachrichten, in denen von Katastrophen, Streitigkeiten oder Niederlagen berichtet wird, oder sehen Filme, in denen es um Mord und andere Verbrechen geht. Es erfordert einiges an Energie, um uns von dieser Menge an Negativität nicht beeinflussen zu lassen und ein positives Selbstbild zu behalten.

Machen Sie es sich daher zur Gewohnheit, für alles dankbar zu sein, was Sie in Ihrem Leben haben. Fühlen Sie diese Dankbarkeit und bringen Sie sie zum Ausdruck. Achten Sie auf alles, was zu Ihrem Fortschritt beiträgt, und würdigen Sie diesen Anteil an Ihrem Erfolg – seien dies Ihre eigenen Fähigkeiten oder die Unterstützung durch andere, Herausforderungen, die Sie gemeistert, oder Vereinbarungen, die Sie eingehalten haben, obwohl Sie keine Lust dazu hatten.

Übung: Innehalten und spüren

Halten Sie regelmäßig inne und schreiben Sie auf: Ich bin dankbar für …; Ich bin dankbar, dass …

Finden Sie jedes Mal mindestens drei Punkte und spüren Sie, welches Gefühl dabei entsteht. Lassen Sie dieses wohlige Gefühl durch sich hindurchfließen und sich ausbreiten.

Wenn Sie regelmäßig bewusst innehalten und Ihre Dankbarkeit spüren, erleben Sie Erstaunliches: Sie fühlen sich dauerhaft gut, Ihr Energieniveau steigt und Sie erreichen mehr. Kombinieren Sie diese Übung mit der nächsten Anregung und vervielfachen Sie damit die Wirkung.

Wertschätzung stärkt das Selbstvertrauen

Neben der Dankbarkeit, die stärker auf andere ausgerichtet ist, dient die Wertschätzung vor allem uns selbst: für das, was wir tun, wenn wir über uns hinauswachsen oder am Ball bleiben. Es gibt so vieles, auf das Sie stolz sein und wofür Sie sich wertschätzen können: dass Sie heute Morgen, statt im Bett zu bleiben, gleich aufgestanden sind; dass Sie dieses Buch bis hierher gelesen und einzelne Übungen daraus sofort gemacht haben; dass Sie jemandem geholfen haben ... Auch hier gilt: Spüren Sie diese Wertschätzung sich selbst gegenüber. Vielleicht fällt es Ihnen zunächst noch schwer. Dann liegt Ihre Messlatte zu hoch. Fangen Sie bei Selbstverständlichkeiten an. Gehen Sie dann zu Kleinigkeiten über, die Ihnen schwergefallen sind und die Sie dennoch getan haben. Mit der Zeit kommen größere Schritte an die Reihe und die Selbstwertschätzung wird immer leichter – vor allem, wenn Sie diese Übung schriftlich machen.

Übung: Ein Wertschätzungstagebuch führen

Nehmen Sie ein Notizheft im DIN-A6-Format – das ist das gleiche Format wir dieses Buch. Füllen Sie einmal am Tag eine Seite mit Ergänzungen zum Anfangssatz: Ich wertschätze mich für .../weil ...

Hören Sie erst auf, wenn die Seite voll ist. Machen Sie diese Aufgabe über 30 Tage und Sie erleben, wie Ihr Selbstvertrauen wächst.

Halten Sie mehrmals am Tag inne und verbinden Sie Dankbarkeit und Wertschätzung miteinander, z. B. vor Beginn einer neuen Aufgabe, vor dem Mittagessen, am Abend vor Verlassen des Büros. Stellen Sie die Weckerfunktion Ihres Handys, damit es Sie alle drei Stunden daran erinnert. Wählen Sie einen Rhythmus, der zu Ihrem Tagesablauf passt.

Finden Sie jeweils drei Punkte, für die Sie dankbar sind, und drei Aspekte, deretwegen die Sie sich wertschätzen und gut fühlen oder auf die Sie stolz sind. Achten Sie darauf, dass Sie dabei nicht im Kopf bleiben, sondern dies auch spüren. Mit ein wenig Übung dauert es höchstens eine Minute und ist eine kurze, sehr wirkungsvolle Pause im Alltag.

Erfolge weiter ausbauen

Für die meisten Menschen ist das Schwierigste, am Ball zu bleiben. Nach der ersten Euphorie und Begeisterung für das Vorhaben landet man schnell wieder im Alltag und bei seinen Pflichten. Vor allem, wenn nach den ersten Erfolgen Schritte anstehen, die mehr Mut und höheren Einsatz erfordern. Dann entscheidet sich, wer zu den „Durchhaltern" gehört und wer in die Masse der „Aufgeber" zurücksinkt. Sie haben es in der Hand. Mit dem MutmacherPrinzip finden Sie Ihren ganz persönlichen Weg, der so einmalig ist wie Ihr Fingerabdruck. Dabei helfen Ihnen die folgenden Empfehlungen:

Entspannt bleiben

„Wenn die Dinge nicht so laufen, wie du es dir vorstellst, dann stell dir etwas anderes vor", empfiehlt ein polynesisches Sprichwort. Das klappt besser, wenn Sie akzeptieren, dass nicht alles nach Ihrem Willen geht. Statt darüber zu klagen und dagegen Sturm zu laufen, entspannen Sie sich. Sie können meist ohnehin nichts daran ändern. Bleiben Sie offen und neugierig auf alles, was passiert – im Sinne von: durch Sie hindurchgeht –, wenn Sie „nur" präsent sind. Tun Sie mal nichts, sondern bleiben Sie bei dem, was gerade ist. Wahrnehmen, aushalten und abwarten. Das ist eine große Herausforderung für viele Menschen.

Gewohnheiten entstehen lassen

Gewohnheiten entstehen durch regelmäßiges Tun. Wiederholen Sie täglich alle Schritte, die Sie sich vorgenommen haben. Nutzen Sie die Leitfragen, die auf der Buchinnenseite noch einmal zusammengefasst sind. Damit entsteht aus den ersten noch etwas holprig-ungewohnten Schritten langsam ein Trampelpfad, der sich mit der Zeit zu einer Schnellstraße entwickelt. Um Gewohnheiten einzuüben, braucht man meist etwas Durchhaltevermögen. Dieses entsteht leichter, wenn Sie erkennen, dass Sie Ihrem Ziel langsam näher kommen und Erfolgserlebnisse haben.

Hier einige Empfehlung, mit denen Gewohnheiten für Ihr Ziel entstehen:

- Starten Sie den Tag mit Ihrem Vorhaben. Legen Sie sich eine Kurzfassung davon an einen Platz, an dem Sie sie jeden Morgen automatisch sehen, z. B. auf den Nachttisch neben die Lampe oder an Ihren Platz am Frühstückstisch.

- Der Morgen wäre auch ein guter Zeitpunkt für das Tagesritual. Alternativ planen Sie es nach dem Abendessen ein, ehe Sie mit anderen Aktivitäten beginnen. Auch hier ist es hilfreich, einen Erinnerungsanker einzubauen, z. B. Ihr Ziele-Tagebuch zurechtzulegen.
- Stellen Sie sich im Laufe des Tages immer wieder einen Wecker mit einer kleinen Erinnerungsnotiz: *Innehalten und Körper wahrnehmen.*
- Tragen Sie in Ihrem Kalender einen festen Termin für die wöchentliche Planung ein. Diese umfasst Rückschau, Vorausplanung und Arbeitsschritte. Dafür finden Sie auf der Webseite www.mutmacherprinzip.de ein Arbeitsblatt zum Download.

Haben Sie Freude an Ihrem Weg und den einzelnen Schritten. Probieren Sie aus, was am besten zu Ihnen, Ihrem Tagesablauf und Ihrem Vorhaben passt.

Den Bottich vergrößern

Nachdem sie ihr erstes großes Vorhaben verwirklicht hatte, sagte eine Kollegin diesen treffenden Satz: „Jedes verwirklichte Ziel zieht weitere nach sich." Bereiten Sie sich darauf vor, dass es nicht bei dem einen Vorhaben bleibt, dem Sie sich im Verlauf dieses Buches gewidmet haben. Achten Sie darauf, was Ihnen auf Ihrem Weg rechts und links begegnet, und sammeln Sie diese Impulse. Sie wissen nie, wofür diese Anregungen gut sind und wann Sie sie brauchen. Sammeln Sie, was Ihre Aufmerksamkeit auf sich zieht.

Vielleicht entsteht aus dieser Sammlung Ihr nächstes Projekt, vielleicht auch etwas anderes. Auf jeden Fall schärfen Sie damit Ihre Wahrnehmung für Chancen und Potenziale. Füllen Sie mit diesen Ideen Ihren Bottich an Möglichkeiten. Dann kleben Sie weniger an dem einen Vorhaben, das Sie zu Beginn gewählt haben. Sie werden freier in Ihrer Entscheidung, wenn sich herausstellt, dass etwas anderes wichtiger ist. Es gibt so viele Optionen, die sich ebenfalls lohnen, leicht und mutig verwirklicht zu werden. Nicht weil Ihnen nichts anderes übrig bleibt, sondern weil Sie sich aus ganzem Herzen dafür entschieden haben.

Aussicht

- Nutzen Sie – eine nach der anderen – die in diesem Buch angebotenen Vorgehensweisen. Gehen Sie mit Neugier daran und probieren Sie auch Abwandlungen aus. Die Elemente des MutmacherPrinzips dienen dafür als Leitfaden.
- Machen Sie Ihre eigenen Erfahrungen: *Finden Sie Ihren Weg – und gehen Sie ihn mutig!* Dann erfahren Sie, was schon viele Menschen vor Ihnen erlebt haben: einen Zuwachs an Lebensfreude, Zufriedenheit und Energie. Dafür wünsche ich Ihnen alles Gute!

Die Autorin

Als Mutmacherin unterstützt Ulrike Bergmann seit über 20 Jahren Gründer und Selbstständige sowie Menschen in beruflicher Veränderung dabei, persönliche Ziele zu erreichen und unternehmerische Träume zu verwirklichen. Sie ermutigt sie, ihre Wünsche und Vorstellungen ernst zu nehmen, und zeigt ihnen, wie sie ihr Leben und ihre Selbstständigkeit aktiv nach eigenen Vorstellungen gestalten, ihren eigenen Weg erkennen und ihn mutig und leicht gehen.

Sie ist Autorin von drei erfolgreichen Ratgebern und bietet in ihrem Mutmacher-Magazin regelmäßig Expertenwissen, Werkzeuge und Anregungen. Im deutschsprachigen Raum wurde sie vor allem durch die Einführung von Erfolgsteams bekannt.

Weitere Infos finden Sie unter www.die-mutmacherin.de, auf der Buch-Webseite www.mutmacherprinzip.de und in ihrem Blog www.mutmacher-magazin.de.

Impressum:

Verlag C. H. Beck im Internet: www.beck.de
ISBN: 978-3-406-66226-3

Wilhelmstraße 9, 80801 München

Lektorat und DTP: Text + Design Jutta Cram, 86157 Augsburg, www.textplusdesign.de
Umschlaggestaltung: Ralph Zimmermann – Bureau Parapluie
Umschlagbild: eigene Aufnahme der Autorin
Druck und Bindung: Beltz Bad Langensalza GmbH, Neustädter Straße 1–4, 99947 Bad Langensalza

Gedruckt auf säurefreiem, alterungsbeständigem Papier (hergestellt aus chlorfrei gebleichtem Zellstoff)